進化できない中国人

金 文学

祥伝社黄金文庫

文庫版のためのまえがき

本書の元版が刊行されて、まる三年が経《た》った。

この三年の間でも、中国人は進化どころか、ますます退化しているのが現状である。

卑近《ひきん》な実例を挙げれば、すぐ納得するだろう。


実は、私はこの三年間、月に一〜二回のペースで母国中国の現場を体験してきた。昨年は、上海《シャンハイ》大学の外国人教授に招聘《しょうへい》され、数ヵ月、中国の大学の内部と社会を観察、実体験するチャンスに恵まれた。

ところが、上海大学のいわゆる学部の中には、とても大学の知識人とは思えない、才能も品位も欠けた人間がいた。それも、一人や二人ではなかったのである。

ある学科の主任たる者は、私にストレートに頼んだ。

「金先生、先生ほど多才多産の学者は実にうらやましい。僕は未だに副（准）教授だから、教授になるためには論文か著作が必要なんだ。僕に論文と著作を書いてくれよ……」

私は仰天《ぎょうてん》したものだ。大学に、こんな低劣な人間もいるんだなと。

もちろん、私はきっぱり拒《こば》んだ。すると、この主任は、背後で私のデマを飛ばしながら、さまざまな嫌がらせをしてきた。そのおかげで、私は現場でたいへん生々しい体験をすることができたのである。

後で知ったことだが、中国の大学には、この主任のような卑劣で不道徳の者はどこにでもいるのが現状だった。私は一九八五年〜一九九一年まで、中国の大学で教鞭《きょうべん》を執《と》っていたが、その頃の大学と比べても、大学の物質的な側面は進化したが、教員の道徳、品性はむしろ退化した。知性の象牙《ぞうげ》の塔たる大学がこんなに堕落《だらく》しているのだから、一般大衆はことさら言うまでもない。

まさに、最近中国ではもっとも流行している言葉に「粗鄙《チユーピー》」というものがあるが、これこそ、中国人のさらなる堕落を集約的に表わしている。「粗鄙」とは、野蛮で、卑劣な荒々しい行為と品性を意味する。「粗鄙化」する中国は、いくら物質を享有《きょうゆう》するとはいえ、人間の退化や劣化によって、物まで人間の劣化に加担する元凶になり兼ねない。

中国人の退化は、幸いにも、良識ある知識人の批判を招いた。私は、中国で一流の批判的知性たちと巡り会い、彼らと幾度も対話を行なってきた。中国の現実・現体制を、本音で果敢に批判する知性が存在するがゆえに、中国に対してささやかな「希望」の光が見えてきた。

魯迅《ろじん》はかつて、中国の未来に「砂漠しか見えない」ときわめて悲観的な見方をしていたが、私はそこまでは悲観しないまでも、かと言ってむやみに楽観もできない。

中国の未来は、中国人が進化できるかどうかにかかっているのではないだろうか。

この本が現在の中国および、中国人理解の一冊になると、著者は自信を持ってすすめたい。

二〇一七年　正月吉日

金《きん》　文学《ぶんがく》

はじめに――中国人は進化できるのか

この世に地球が存在する限り、中国と中国人は永久に世界の話題の中心にいるだろう。中国人とは何者か？　なぜ中国はこれほど世界中に豊富な話題、テーマを提供してくれるのだろうか？

中国文化は古来、世界中の文明に対してさまざまな役割を果たしてきた。二十一世紀の中国も、経済大国としての成功とともに、世界に新しい文明モデルを示すかのような大きな存在として浮上する可能性がある。

ことさら言及するまでもないが、日本にとって中国は、永遠に付き合うべき運命をもった地政学的位置にある大陸国家であり、文明類型である。近代以来、日本人は中国に強い関心をもち、研究を重ねてきた。将来的にも、中国と中国人に対する分析研究は、末永く続くだろう。それに疑念をはさむ余地はない。

中国・中国人・中国文化は、さまざまな角度で考察、研究することができるが、角度によって見える姿も変わってくるだろう。

この本の中で私は小さな「発見」をした。世界の先進国や日本、韓国と比較して、中国人は経済的、物質的には発展していても、国民性、モラルはむしろ後退してきた、ということだ。

今回私はこれを、「物進人退《ぶつしんじんたい》」という新しい造語で自分なりに表現した。日本、韓国や欧米の文明は、物質と人間が同時に進化する「物進人進《ぶつしんじんしん》」と表現できる。それとは逆に、中国は「物進人退」だ。物質面はいくら進化しても、人間性は進化どころか、退化しているといえる。

経済的発展や進化は、必ずしも人間性の進化とイコールではない。自《みずか》らをこのモデルとして呈示してくれたのが、現在の中国社会ではないか。

世界の人類文明史は立証してきた。文化的な生物として存在するために、人間は物質、経済面のみを進化させてきただけではない。それに加えた人間性、知性、教養、資質の進化向上こそが、文化的な生物として生きていくための必須課題である、ということを。

この意味で、現代中国の発展については、物欲、物質的進化はあっても、人間の進化はもはや停滞してしまったと指摘せざるをえない。

本当に中国人は進化できるのか？　この疑問を投げかけるのが本書の主旨である。

しかし、それでも私は、中国人は必ず進化を遂《と》げるものと信じており、今後の対策、方法論は中国人が考案して実行すべきだとも考える。

本来、その方法論も呈示する予定だったが、紙幅の関係もあって残念ながら割愛《かつあい》せざるをえなかった。今後、中国で本書の中国語版を出すとき、ぜひとも書き加えたいものである。

比較文化学者、文明批評家として私は、常に生まれ育った母国、中国と中国人を見つめてきた。本書は母国への深い愛情をもって観察分析を積み上げてきた、私の最新の「中国人分析報告書」である。

本書を、中国への嫌悪の感情によってではなく、愛情をもって読んでいただければ、中国および中国人への理解に一歩近づくに違いないと確信する。

二〇一四年正月吉日

広島　文華堂《ぶんかどう》　金　文学

※本文中、引用文献の日本語訳のうち特に訳者を示さないものは、すべて著者による。

目次

第二章　一〇〇年間進化していない国民性と民度

第三章　舌尖《ぜつせん》の中国と尻下の中国

第四章　動物化する中国人

第五章 「道徳砂漠」の大国

装幀　中原達治

第一章

中国「偽進歩《ぎしんぽ》」の構造

■ある日本人小学生の「中国発見」

この本を、まずある日本の小学生の話からはじめさせていただきたい。日本人の小学生といっても、実は私の長男のことである。これは彼が九歳の頃の話だ。

私は、彼が将来「国際人」として世界を股《また》にかけて活躍することを望み、常に国際的視野を持たせるため、夏休みなどを利用して、彼を連れてよく日本以外の国に旅に出た。日本で生まれ育った息子は、自分自身のアイデンティティを「日本人」に求め、すっかり日本人になったものだ。だから、彼は幼いながらいつも日本人の目線で、外国文化を見ていた。

母親のお腹にいるときから外国へ旅に出ていたから、八歳のとき、欧米への語学留学や中国・韓国への旅に出かけた頃には、彼なりに「比較」という視点は持っていたようだ。

私は、父として、息子に祖国中国を知ってもらうため、年に一度は必ず中国へ連れていった。

二〇〇九年のこと。当時小学四年生の息子の夏休みに、北京《ペキン》経由で私の実家がある瀋陽《しんよう》を訪れた。二週間ほど滞在して、帰国の際、息子に「中国の印象はどうだ?」と聞いた。

すると、彼はしばらく考えた末、次のように答えた。

「中国は、広くて、民族も多様で、面白い国だよ。とくに日本では見られない露店市場（夜市場）はチョー面白い。でも、もっと面白いものがある。一言で言うならば、中国はヨーロッパとアフリカが共存するような国に見えた」

「なぜだい？」と私が理由を聞いた。

「北京、上海《シャンハイ》、大連《だいれん》や瀋陽の超高層ビル群は、ヨーロッパや日本、アメリカにも負けないくらいだけど、そこにいる人間はね……。やはり秩序を守らないし、横断歩道の信号が赤でも勝手に渡るし。あと、暑いのか、男たちは上半身裸で平気で歩くんだもん」と息子は真険な表情で言った。

「ヨーロッパとアフリカの共存か、面白い発見だね」と私は褒《ほ》めた。

「だってさ、明治時代初期の日本では、禁止令によって裸姿はなくなったのに、中国は二十一世紀のいまでも平気で上半身裸で町を歩くんだからおかしいよ。パパ、中国政府は裸禁止令を出してないの？」

「さあ、どうだろう」。実は、私もはっきりとは知らなかった。仮に政府からそんな禁止令が出されても、「上有政策《じょうゆうせいさく》、下有対策《かゆうたいさく》」（上に政策あれば下に対策あり。もともとは国に政策があれば、国の下にいる国民にはその政策に対応する策がある、という意味。転じて、決定事項について人々が抜け道を考え出すという意味で使われている）の国民だから好き勝手に無視してしまうのが、中国人の知恵であり、国民性でもあるのだ。

ともかく、息子の目に映った中国社会は「ヨーロッパとアフリカが共存する」きわめてユニークな「矛盾《むじゅん》」した社会であった。その矛盾は、日本の小学生の一つの「中国発見」につながったのである。まちがいなく、この「発見」こそ、中国の現実を説明できる「大きな物語」であろう。

■世界の先進国は、みな「物進人進」

童心とは素直なもので、時には大人が感じなかったものを感じることさえある。息子の「中国発見」は、私に小さな衝撃を与えた。

超高層ビルの中国と上半身裸の中国人。先進国のような「物質文明の発展」と発展途上国のような「人間的未発達」。小学生の彼が言おうとしたのは、ずばりこの両極端のものが同居する、中国の現実であった。

比較文化や比較文明が専門である私は、中国を観察分析する上で、やはりもっとも有効なのは比較、他者との比較分析であると考える。

タテの時間軸でみれば、中国の進歩発展は、きわめて輝かしいものだ。しかし、ヨコの空間軸で世界、とくに先進諸国の発展様相と比較してみたら、すぐさま中国の真相が発見できる。

たとえば、十八世紀イギリスの産業革命以来、ヨーロッパの進歩や発展は、当然ながら科学技術の「近代化」によって物質文明（ハード・パワー）の画期的発展をもたらした。と同時に近代化というのは、物的文明の進歩、あるいは進化のみではなく、啓蒙《けいもう》と教育による人間の資質が向上あるいは進化したとみるのが一般的である。

日本こそ、欧米的近代文明におけるアジアの優等生であり、お手本であるが、日本の明治以来の近代化では、ヨーロッパ的近代化の成果である物や制度を取り入れると同時に、物質文明を担《にな》うにふさわしい人間性の育成がはかられた。

もっと正確に言えば、人間の近代化、人間の素質向上、国民性の弱点改造も含め、日本民族の進化が最優先に行なわれたのである。福沢諭吉《ふくざわゆきち》の『学問のすゝめ』や『修身要領』で説いた「独立自尊」の精神に見られる人間の進化こそ、日本の近代化達成の道程《みちのり》でもあった。

戦後日本の一九五〇年代以降の高度成長期を見ても、やはり物と人間が同時に発展、進歩する「物人共進」あるいは「物進人進」の様相を呈した。

韓国の「漢江《ハンガン》の奇跡」と呼ばれた一九七〇年代以来の発展も、まぎれもなく物質文明とともに人間の進化という「物進人進」のコースであった。

しかし、中国は、物質文明の発展と人間の資質の進化の間に大きなギャップがあり、いわば「物進人退」といえる。もちろん「物進人退」は、私の造語であるが、二十一世紀の現在、猛スピードで経済成長を遂《と》げている中国を解釈するための、新しい視点となるだろう。

私が自信を持って言えるのは、「物進人退」をもって、中国の現実と近未来を分析予測することは、きわめて有効であることだ。

■中国崛起《くっき》の特徴は「物進人退」である

中国の改革開放政策（一九七八年）以来、すでに三十数年が過ぎた。日本の高度成長期の約二〇年間と対比してみれば分かることだが、科学技術や近代化による物質的（経済的）富はすさまじい進歩を遂げていた。

いまや中国はGDPでは日本を抜いて、世界ナンバー2の経済大国になったわけだが、世界もこれを「中国の台頭」と呼び、中国は自らも「中国崛起《くっき》」という言葉をもって説明している。この崛起とは、にわかに事が起こること、多数の中から頭角を現わすことを指す。

しかも、中国人は自ら「崛起」の前に「和平」（平和）の二文字をつけて、中国の「非覇権《はけん》主義」的、「非帝国主義」的台頭を強調しようとする。これは世界に平和的に貢献できるという中国人の自信と自負を標榜《ひょうぼう》したもので喜ばしいことだ。ともかく、「中国崛起」は全世界のメディア、インターネットの中でももっとも関心が集まるテーマであり、ニュース用語である。

単純に振り返ってみても、中国の崛起（発展）は、奇跡的であろう。一九七八年以来、GDPだけでも一八倍に増えている。

ハード面でも中国沿海部、大都会の空港、地下鉄、高速鉄道、超高層ビル群、繁華街の規模、レストランの輝かしいネオン等はニューヨーク、パリや東京、ソウルにも劣らない。

ＧＤＰに現われる中国の崛起、つまり進歩は、日進月歩であり、奇跡と言っても過言ではない。私は中国に生まれ育った知識人として、母国の発展ぶりに快哉《かいさい》を叫びたい。快哉を叫びながら、その一方で、ソフト面、つまり、人間の資質、国民的素質、人材制度、教育などについてはやはり深く憂慮せざるをえない。

物的進化と人的進化は依然《いぜん》としてズレが大きく、物質的な発展に比べ、むしろ人のレベルはある意味で退歩したようにも見えるからだ。

物欲に対する執着がもともと他の国民より格段に強い中国人は、おしなべて金銭に目標を置き、富を摑《つか》むことに執着して、あるべき人間の知的向上心や、道徳心をおきざりにしている。

ある意味で、これは中国人の退嬰《たいえい》化（しりごみすること）である。金と富の前で人間的進化をやめてしまった中国人。「物進人退」は、私の新しい中国認識の大テーマである。

■すべてが変わったが、人間だけが変わっていない

一九七八年以降、この三〇年あまりの中国の躍進的変化は世界が認めるものである。この奇跡的変貌ぶりは、毎年四、五回中国へ訪れるたびに五感で実感できる。私の生まれた母国の変貌に感無量の思いを抱いたのは、一度や二度ではない。

たとえばかつて私が勤務していた大学は、もはや瀋陽市の有名大学に合併され、学生二万人を誇る巨大な大学に変貌した。「瀋陽師範大学」という六文字看板を掲げるその大学は、正門の門構えだけでも長さ一〇〇メートル近い規模である。これを初めて見た瞬間、私はびっくり仰天した。また、私の二〇代の頃の行きつけの古い本屋さんは、いつのまにか跡形もなくなり、そこに建っていたのは三〇階建ての巨大高層ビルであった。

中国人の最近のジョークに「中国はすべてが変わった。ただ変わっていないものは鄧《とう》小平《しょうへい》の背丈だけだ」というものがあるが、これは中国の変化を象徴的に物語っている。

中国人であれば、誰でも祖国の大きな変化に誇りを持つだろう。とくに北京オリンピック以来、中国人のこの種の「大国」意識と自信は著《いちじる》しく強まってきた。

オリンピックが成功裡《り》に幕を閉じた直後の二〇〇八年十月、北京の大手出版社が『中国

はなぜこれほども成功したのか』（中信出版社、二〇〇八年十月）というタイトルの分厚い本を出している。表紙に「権威読本」と書きしるした四四〇ページものこの本は、中国の一九七八年から二〇〇八年までの三〇年間の変貌を各分野でまとめている。

「序言」にはこう書いている。

「中華民族はかつて世界最強の国家として、完璧に近い文明を持っていた……。

一九七八年十二月以来、三〇年の滄桑《そうそう》の変（世の中の激しい移り変わり）は、民族の一〇〇年近い雄飛《ゆうひ》の夢を実現させた。

三〇年の偉大な道程は、雄偉壮観たる歴史絵巻を描いた。

歴史の長い流れの中、三〇年は弾指《だんし》（きわめて短い時間）の瞬間にすぎないが、中国では大きな変化を遂げ、偉大な民族の復興は現実になりつつある。見よ、国民生産は毎年九・七％以上伸びて、二〇〇四年にはイタリアに追いつき、二〇〇五年にはフランス、二〇〇六年にはイギリス、二〇〇七年にはドイツに接近した……。輸出入の貿易額は三〇年で一〇〇倍に増加し、人民の貯金は八〇〇倍近く伸び、世界経済史上の奇跡を作った……」

二〇一〇年には日本を追い越し、世界第二位の経済大国として浮上した。いまや「中国崛起」「民族復興」の八文字は、中国人がもっとも頻繁に使用する言葉になり、中国の奇跡的発展を謳歌《おうか》してやまない。

しかし、このように中国の外見のすべてが変わっても、中国人自身は変わっていない。これが長い観察の結果、私が個人的に得た素朴な結論である。

統計上、外見上、中国のすべては確かにさまざまな意味で変貌を遂げたのは事実である。歴史を創るのも、物を創り享有《きょうゆう》するのも結局は人間である。ところが、中国では、肝心の人間がほとんどと言っていいほど変わっていない。非常に心苦しい言い方をすれば、外見の物の変化にふさわしい変化を「完成」させていないのが、今日の「中国人の問題」である。

中国人は最先端、最高級の物を使うようになったが、その物の進歩や進化ほど中国人は進化していない。これが私の一種の持論である。おそらく、私のこの論調に憤《いきどお》りを感じる中国人読者も少なくないだろうが、じっくり、本書と付き合ううちに、徐々に怒りはおさまり、私の話に首肯《しゅこう》することだろう。

■金色のタマネギのような国

いうなれば、中国全体は一つの華麗なる巨大な金色のタマネギである。表皮だけにピカピカの金粉を塗りつけ、外見はきわめて華美、壮観であるが、その表皮を一枚ずつ剝《は》いでいけば、結局しまいには何も残らない、芯のない塗装したタマネギ。

まさに「外華内貧《がいかないひん》」（表面だけを飾って中身のないさま）である。

みなさんは、覚えているだろう。あのオリンピック前に北京市内で推進した「ペンキ塗装」キャンペーンを。北京市内は、オリンピック招致を獲得するため、オリンピック委員会のメンバーの視察に合わせて、競技場、選手が通過する市内の道路の両側の老朽化したマンションや住宅の外壁を、鮮やかな色のペンキで塗装した。

もちろん、老朽化したみすぼらしい建物をまったく新しい建物に見せるという「作戦」であった。しかし内部構造には一切手を入れることをせずに、表面上のみを鮮やかにペンキで塗装するというのは、いかにも中国的なやり方である。

もっと面白い実例もある。二〇〇六年八月、雲南《うんなん》省富民《しんねい》県で奇想天外な「塗装」が行なわれた。どういうことかというと、上層部の「植樹、緑化」指示に迎合するため、数千万

中国式「塗装文化」

数千平方メートルもの広さの禿山に青緑色のペンキを塗り、木々が植わっているように見せるという、なんとも中国人らしい「工夫」。

円の税金を使い、県庁の前にある禿《はげ》山をペンキで「緑化」したのである。禿山にペンキを塗るという発想や行為それ自体もそうだが、色が自然の緑色になるはずもなかった。その不自然きわまりない青緑色に、民衆たちは唖然《あぜん》として失笑するほかなかったそうだ。

　このような実例は、氷山の一角にすぎない。表面上ばかりを偽装する。こうした中国の虚偽、偽物作り、上は下を騙《だま》し、下は上を騙す。道徳や仁義を踏みにじる行為は、ギネス級の記録をなしている。

　私は、母国・中国に帰り、母国の発展ぶりに感心しながらも、一方、その中身の空虚さにさらに危惧《きぐ》心をいだく。

中国は世界でも統計の好きな国である。その統計数字すらも、自分の意に合わせて、恣意《しい》的に操作して適当に作り上げる伝統を持っていることを忘れてはならない。中国人は確かに世界でも統計数値を創作する天才である。世界ナンバー2のGDP統計にも、多くの水増しがあると、中国国内の経済学者や社会学者も指摘しているほどである。

ピカピカの金色で表皮を塗り尽くして、華美の極致に達した中国。だがその表皮を一枚一枚引き剝《は》がしてしまえば、中身は何も残らない。変わったようで、何も変わっていないのが中国、中国人である。

■崛起の裏には何があるのか

もし、人類発展史の歩みを体験するためにタイムマシンで時間旅行をしたければ、現在の中国大陸を見てまわればよい。

ひとまず航空機で上海から中国に入る。世界最先端の技術を用いて造った上海浦東《プードン》国際空港から、世界最高速のリニアモーターカーに乗って、市内へと向かう。

ニューヨークに劣らない超高層ビルの建ちならぶ上海より、さらにディーゼル列車に乗って、内陸部へ移動する。奥地へ行けば行くほど、町の姿はだんだん鄙《ひな》びて、あたかも過去の時間に入ったような感覚にとらわれる。たとえば日本の一九六〇年代とか五〇年代とか。

列車から降りて、バスで農村部に入る。するとここはまるで日本や韓国の四〇年代、あるいはもっと以前の二〇年代である。

さらに奥地へ行くと、道は泥だらけでデコボコ。二輪車から牛馬車に乗りかえ、あるいはロバに乗りかえる。おしまいには十一号車（徒歩）で旅の終着点にたどりつくのだ。するとそこには、いままで見たこともない少数民族が暮らす村。そこでの生活はまるで中国教科書に登場する「非文字社会の復元図」そのものである。電気も、新聞も、トイレットペーパーもない。

これは、中国文学者の加藤徹《かとうとおる》氏の著作『貝と羊の中国人』に出てくる笑い話である。私に言わせれば、中国の「崛起」は、ほとんど沿海都市部のみであり、中国の三分の一を占《し》める広大な内陸部は、この「崛起」から除外されている。

テレビやマスコミが騒ぐ中国の崛起ぶりは、二〇〇八年の北京オリンピックを契機にいまが頂点であるように見える。二〇一一年十月三十一日に打ち上げられた無人宇宙船「神《しん》舟《しゅう》8号」が宇宙ステーションの「天宮《てんきゅう》1号」とドッキングに成功したことは、中国科学の発展レベルを象徴する歴史的「物語」であった。

しかし、この奇跡的「大物語」とともに世界の人々の目に映ったのは、もう一つの中国の現実であった。何かというと、中国のテレビが当時の状況を映像で流した際、画面に映った西昌《せいしょう》衛星発射センターから数キロ離れた学校の教室はむさくるしかったし、衛星発射現場に通じる道路を工事する中国の農民工は、鍬《くわ》とつるはしを手にしており、機械は一切なかった。すべて人力で道路の補修作業を行なっていたのだ。

「神舟8号」の高難度のドッキングと、きわめて原始的な道具で手作業をする農民工。これこそ、中国の表と裏を克明に表わした「大物語」であった。中国のテレビ局は、いみじくもこのような中国の両極端な内幕を呈示したのだ。

■物質生活の向上と相反する精神文明の後退

「大物語」は実に現代中国の大矛盾を露呈している。いわば満身創痍《そうい》の患者に華やかなファッションを着せたも同然である。見せかけの華麗さに世界の人々が目をうばわれるのは当然だが、その裏の真相が分かったら、人々はさらに唖然とするだろう。

国際的統計によれば、中国大陸は経済がもっとも急速《きゅうそく》に成長した国であり、最近一〇年間の人口一人あたりの平均金融資産は五倍も伸長した。

また中産階級も急増しつつあり、日本を除いたアジアの中産層は二・二億人に上るが、なかでも中国の中産層が半分以上を占めるといわれる。二〇一一年のクリスマスと二〇一二年の春節（旧正月）期間中、中国人の旅行者による海外での消費額は五七億ドルに達したとされる。私も日本でたびたび、中国人の旅行者を見掛けるが、現金やクレジットカードで買物する彼らの金遣いには度肝《どぎも》を抜かれるものだ。

しかし、豊かになったとはいえ、近年都市部と農村部のGDP格差の平均は七・五倍もある。中国全体の平均成長率が九・三％（注・二〇一三年は七・六％程度に鈍化）あるにもかかわらず、沿海都市部と内陸農村部の収入格差はますます大きくなった。たとえば統計がやや古いが、二〇〇二年中国最富裕地域の上海の人口平均ＧＤＰは、中国最貧地域の貴州省《きしゅう》の一二・九倍である（博訊《ぼしゅん》論壇）。

二〇〇〇年度の農民収入ジニ係数（社会における所得分配の不平等さを測る指標。係数の値がゼロに近いほど格差が少ない状態）は〇・四三と、一九七八年の〇・二〇と比べ、大幅に上がっている。このように巨大な国の中で、これほど短期間で不平等格差がここまで表面化したのは、世界史上でも皆無《かいむ》であろう。

この意味合いで、中国の貧富の格差は、四〇年以上前の一九七〇年代よりもひどく、まさに中国の「似進実退」（進化しているように見えるが、実は退化しているということ）的矛盾を如実《にょじつ》に反映しているのではないか。

中国の経済成長は統計上きわめて華やかだが、実際のところは、中国の経済的基盤がもともと貧弱で不均衡であるため、民衆の生活水準は向上したとしても、やはり大多数は日本の戦前のレベルにとどまるであろう。

さらに、たとえ経済的に富を摑み、進歩をしたとしても、それに比較して、全国民の精神的生活レベルは進化していない。一九七〇年代あるいは八〇年代と比べても、向上するどころかむしろ後退してしまった。

宇宙開発の裏には驚くほどローテクな一面も

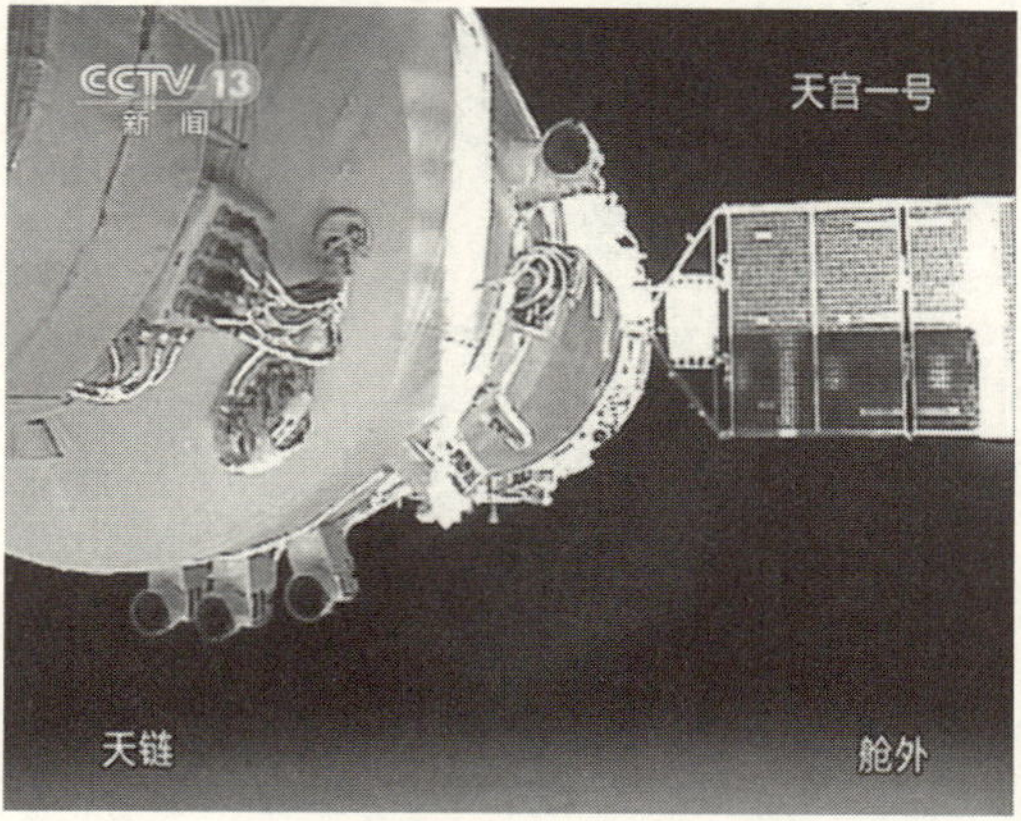

中国は米国・ロシア中心の国際宇宙ステーションへの参加を認められていないため、独自の宇宙計画を推進している。国営中国中央テレビより。写真／新華社＝共同

中国の国民は、物質生活、金銭的欲望の際限のない追求にとらわれ、その精神生活の次元は、依然として最後進国のレベルである。

物質生活の向上と相反する精神文明の後退、未進化は、政治改革以上に深刻な問題である。

■中国の進歩はすべて1／2である

中国の「崛起」（改革、進歩）は誰もが認める事実だが、それは経済（物質）的崛起なのか、それとも精神（文明）的崛起なのか？

近代化の達成というのは、物質的富国強兵と、精神文明が一つのセットになってこそ完成するものであるが、中国は現在、前半しか達成していない。

三〇年ほど前の改革開放の総帥《そうすい》であった鄧小平が「一部の人間が先に富裕になる」という政策を考案したときから、それは、国家の富国強兵、つまり物質、経済、軍事などハード・パワーのみに集約した戦略であった。

経済発展こそ、すべてを超えた国家的目標であったし、国民も富や財産が、すべての目標や倫理道徳を代替するものと信じてしまった。

西洋や日本に遅れること一〇〇年して、ようやく近代のドアを叩《たた》いた中国は、結局物的満足にのみ走り、物質を超えた近代的精神文明、国民資質の向上は蔑《ないがし》ろにしてしまった。

この意味で、中国が二十一世紀に達成した近代的革命は、結局全体の1／2を完成させたにすぎない。

しかも中国における今日の改革により、中国国民は一部分では富を獲得したが、農民をはじめとする多数の国民の生活水準は、先進国のレベルにはまだほど遠い。「崛起」と吹聴する経済の進歩すらも実は1／2の進歩にすぎない。

さらに、国民の大多数は、物質文明の獲得も精神文明の向上も、半分程度のレベルで停滞している状態だ。経済的進歩も1／2、精神文明的進歩も1／2、中国はすべてのものが1／2と言っても過言ではないだろう。

近代以降の中国に言えることは、中国の改革、革命、開放はすべて1／2であることだ。中国の近代開幕を象徴する阿片戦争（一八四〇－一八四二）とともに1／2が西洋列強の植民地（中国でも教科書で半植民地、半封建という）とされ、洋務《ようむ》運動（清《しん》朝末期に起こった西洋の科学、技術を導入して自国の強化を図ろうとした改革運動）も1／2の開化で終焉《しゅうえん》を迎えた。「中体西用《ちゅうたいせいよう》」（中学〈中国の伝統的学術〉を体〈根本〉とし、西学〈西洋の近代的学術〉を用〈応用〉とする思想）という近代化理念自体も、その中途半端なことにおいて確かに中国的であろう。

そして、清朝末期の改革も、この「1／2の公式」でうやむやになり、辛亥《しんがい》革命により中国は近代国家になると思いきや、またもや中途半端な革命で「共和国」は挫折《ざせつ》してしまい、中国は軍国時代に入る。新文化運動と称する啓蒙運動は評価できても、やはり1／2の啓蒙で救国理念により圧倒される悲運に遭遇せざるをえなかった。

毛沢東《もうたくとう》の社会主義革命も、事実上「社会主義」や「共産主義」というきれいな看板を掲げただけの1／2の革命にすぎなかった。大躍進も、人民公社も、さらに文化大革命も結局は中国を自滅に向かわせる大混乱の革命であった。

中国の目標、理想は常に1／2で終わった。鄧小平以来の中国の改革開放も経済一辺倒で、文明的建設には意を払わなかった。結果、現在の中国は、社会主義でも資本主義でもない、奇怪な姿に変質してしまった。

これから中国社会は、おそらく、いや断然この後者の社会変質の不具合によって四苦八苦するのだろう。

■こんなに多い「世界のワースト1」

高度成長期を終え、安定成長期へと移行しはじめた一九七九年。多くの日本人やアメリカ人は覚えているだろう。

その年の春先、ハーバード大学教授で社会学者のエズラ・F・ヴォーゲルの『ジャパン・アズ・ナンバーワン』がアメリカと日本で出版された。タイトルからしてアメリカのみならず、世界に衝撃を与えた。この本は世界の先進国家の中でも、もっとも組織され、もっともダイナミックな日本、日本人の成功の秘密を明らかにしたものだ。

確かにこの本は、戦後西洋世界で最初に日本の成功を公平に評価した本であり、それに励まされた日本人たちもまた、大きな自信を持つことになった。なかには、あまりにも過剰な自信を持ちすぎ、熱狂的なナショナリズムの虜《とりこ》になった日本人もいたはずだ。しかし、いまの時点で振り返ってみると、「日本の奇跡」を遂げることはできても、さすがに世界をリードする能力までは、その頃の日本人には備わってはいなかった。

日本人は、世界でもすぐれた「調和」的ソフト文化を持ちながらも、それを世界中に広げることはできなかった。しかし日本はさまざまな意味合いで、当時も現在も、「世界一」というにふさわしい国である。ことに日本の経済よりも、この民族が持ち合わせている文化的ソフト・パワーには、世界でもユニークなものがある。世界ナンバー1あるいはナンバー2の先進国としての日本は、世界中を魅了した技術、商品と文化力で、世界の人々にとっての憧憬《しょけい》の国でもあった。

日本と比較して、中国はどうだろうか。近代化に出遅れた中国が飛躍的発展を成し遂げ、GDPでは日本を凌駕《りょうが》し、アメリカに次ぐ第二の大国になったことは実にめでたいことだ。しかし、日本と比べてみると、中国は日本には存在しなかった大きな問題を抱えている。日本のように独特の科学技術、商品、人文研究、文化力を創りあげたわけでもなければ、軍事力以外には、世界でこれといった魅力あるソフト文化を育てていない。

それどころか、世界的にもワースト1が非常に多い国である。

まず、次の統計から見てみよう。

地球上には、二三二の国家と地域が存在する（二〇一四年二月現在・外務省調べ）が、そのうち国連に加盟している国は一九三である。一般的に世界的統計に入る国は大体一八三国家だそうだ。中国サイトの「博訊新聞网」によれば一八三の国の中で中国の順位は以下のとおりである。

①**GDPデータ**　二〇一〇年で世界第二位だが、国民一人あたりの平均値は一二七位、すなわちワースト五六位。

②GDPに対して教育投資が占める数値　二〇一〇年は三％程度で、世界平均の四％を下回り、アフリカのウガンダにも及ばない。一九七八年には五％であったが、現在はかえって低下している。

③GDPの中で医療、衛生が占める数値　二〇一〇年は〇・八％、世界平均の一〇％よりはるかに低い。一九七八年は一〇％であったが、現在は後退している。

④物価水準数値　二〇一〇年は総合的物価レベルはすべてアメリカを超え世界一位。一九七八年には世界の平均的水準よりも低かった。

⑤貧富格差数値　二〇一〇年、ジニ係数は〇・七以上。アフリカの極貧国よりも低く全世界最上位。一九七八年には〇・二であり、世界的にも貧富の格差がもっとも少ない国家であった。

⑥人類発展指数数値　二〇一一年、全世界一〇一位、キューバ、ベネズエラなどは六〇位。一九九〇年、中国は世界九二位、北朝鮮は八五位であった（この指数の計算は一九九〇年からはじまった）。

⑦空気質量数値　近年の中国はPM2・5による空気汚染のおかげで、中国の華北《かほく》、華東《かとう》、華中《かちゅう》はずっと世界でもっとも汚染度が高い地域になっている。

■ソフト・パワーで世界に遅れをとっている

まだまだある。中国は二〇一一年の統計によると、二五の指数で世界のワースト1になっている。「世界经理人」の総合的統計指数サイトがあるが、このサイトは相当信頼性が高いとされる。そのうちのいくつかを紹介しよう。

①貧困家庭の子供が大学に合格しても、学費を出せないことを悲嘆して、親が自殺し、家庭が崩壊するというケースが世界一多い。
②農民九億人に、ほとんど何の医療保障もない。
③炭鉱崩壊などの事故発生数と犠牲者数が世界一。
④中国で最近一〇年間、貪官汚吏《たんかんおり》（不正な役人）が不正に手に入れた公的財産が五〇〇〇億人民元。それらが海外へ流出、しかもほとんど永久に返却できない。
⑤中国政府が毎年公金として飲食、買春などに濫用《らんよう》する金銭的損失が三〇〇〇億人民元に達する。
⑥中国政府が使う毎年の公務用車代が二〇〇〇億人民元（約三兆円）。

⑦農村部では多数の失学（勉学機会を失った）児童と、すぐにでも倒壊しそうな危ない校舎が溢《あふ》れている。それにもかかわらず、中央テレビ局の庁舎を新築するなど、このような格差対応でも世界一だ。

⑧中国では毛沢東時代に売春、風俗業を根絶したのだが、現在売春婦や「逼良為娼《ひつりょういしょう》」（生活のため普通の女性や人妻が売春業や風俗業を余儀なくされる）事例が世界一多い。

⑨中国の都市部の発達レベルは欧米並みであるが、人口が絶対多数を占める農村部はアフリカ最貧国の農村と同レベルである。その都市と農村の格差の大きさで世界一。

⑩都市住人としての待遇を受けることなく、建設業やサービス業で働く農工民の数が世界一。

⑪中国は、義務教育を標榜しながら初・中等教育で高額の学費を徴収する、世界でも唯一の国である。

⑫中国は国連安保理常任理事国であり、アジアの大国でありながら、唯一先端武器を輸入している。

⑬中国政府が公表する官民比率は現在一対二八（国民の二八人に一人が役人）で、この多さも世界一。

これらの世界ベスト1とワースト1は、「中国の偽進歩《ぎしんぽ》の実相」を雄弁に立証している。中国は、強国にはなったものの、経済、文化、人力資源、外交および政治などソフト・パワーのすべてにおいて、世界の「先進国」に入っていない。

これに対し、二〇〇八年アメリカのシカゴグローバル事務委員会と、韓国の東アジア研究院が共同で「米中日韓　国家のソフト・パワー比較」調査を実施し、その報告の中で次のように指摘している。

「全体的なソフト・パワーではアメリカが第一位で、中国は日本と韓国よりも下位に留まっている。中国はすべての領域で後進だ。中国は経済や軍事力で強大化したものの、いまだに所在国家地域や全世界に直接、および間接的に影響する協力的ソフト・パワーに転換していない」

■ノーベル賞受賞者数一九人の国と二人の国

近代の二〇〇年近い時間の中で、中国はずっと西洋勢力や日本によって抑圧され支配される運命にあった。

他者の圧迫をはね返すために、中国人はものすごい自尊心をもって対峙《たいじ》しようとした。ことに近年経済大国になった中国の官民のナショナリズム的プライドが、固有の国民性と相まって無限に膨張してしまった。

ＧＤＰ世界第二位となった事実、オリンピックの開催などは、さらに中国人のプライドをくすぐり、あたかも日本を超える「世界の強国」になったかのような認識にはまった。中国は官民あげて、大きな錯覚に陥っているのである。私に言わせれば、中国は大国にふさわしい国民一人あたりのＧＤＰ、文化力（ことにソフト・パワー）の面では、まだまだアメリカや日本などの先進国家にほど遠いのが現実である。

中国はものすごいスピードで発展しているようだが、その実、内臓や骨格、頭脳は成長せず、外側だけがいきなり膨張し、巨人症患者になっていることに気付かないといけない。

ソフト・パワーの概念の提唱者であるアメリカの学者ジョセフ・ナイ教授は、二〇一二年五月八日「政见 CNPolitics.org」サイトでインタビューを受けた際、中国は自己認識において誤解し、自分の力を過大に評価しているとずばり指摘した。

「中国は自己イメージに対して宣伝（propaganda）しすぎているが、そのため政府の信用度を下げている。もっとも良い宣伝は、つまり宣伝しないことだ」

そして、中国は自国と世界のためにも、ソフト・パワーを育《はぐく》むべきであり、政治改革が必要だと強調している。

数年後、中国がアメリカを凌駕《りょうが》して世界ナンバー1の強大国になると世間では騒いでいるが、私はそれについてはすこぶる疑問である。そうなることを願いながらも、中国はアメリカに代わって、世界経済を牽引《けんいん》する機関車になるのは難しいと予測する。

現在中国は実力において、そのエネルギーを備えてもいないし、たとえそうなる日が来るとしても、やはり数十年後であろう。その前に、経済、政治、民族問題以外にも中国内部には解決しなくてはならない複雑多様な問題が存在している。それは人間の素質、国民性、ソフト・パワーの向上などである。

イタリアの大詩人で、文芸復興期の先駆者として大活躍したダンテは、その著『帝政論』の中で「強大な実力と崇高たる道徳こそ、世界帝国となりうる二大条件だ」と喝破《かっぱ》している。

ダンテが言う「実力」と「道徳」とは、ずばりハード・パワーとソフト・パワーを指している。

ている。中国は残念ながら自慢するほどのソフト・パワーは持っていないのが現実である。

中国の国のサイズと国民の実力に比べ、中国のソフト・パワーはきわめてみすぼらしい。中国は体軀《たいく》のみ巨大で、ソフト・パワーは小児並みと言っても過言ではない。

中国は古代には世界的哲学思想を生みだし、科学技術面でも発明、発見が多数あり、文明大国として周辺国のモデルになった栄光の歴史を持っている。

しかし、近代以降の歴史と現在を見れば、科学技術はおろか、哲学思想、人文社会科学における発見は一つもない。西洋にはもちろん、近代以来小国と言われた日本と比較しても、自然科学、人文科学等の諸分野ですべて遅れをとっている。

毛沢東時代はさておいて、改革開放三十余年の間の人文科学の領域一つとっても、中国にはこれといった思想知見や世界的学問の業績を示したものがなく、きわめて貧弱である。その評価は、戦後のノーベル賞の受賞者数にも如実に現われたのではなかろうか。

中国が「小日本」と常に軽視してきた日本は、実は近代以降は東アジアの新しい文明の中心として変貌し、アジアの中心を自負してきた中国を超越し、アジアの文明発信地として、その実力を発揮してきた。

十九世紀末の明治元年より二十一世紀の平成に至るまで、日本文明が中国人青年を引き寄せてきたことは、近年の歴史や現在進行中の留学事情が代弁している。また、私が来日して二十余年、驚くのは日本は経済力ではなく、実は文明力、文化力というソフト・パワーで世界の最先進国に立っていたことであった。

私の専門領域である人文、社会科学研究でも、戦前はもちろん、いまだに日本は中国学界より数多い発見、大きい業績を誇っている。ちなみに中国の日本研究は主に政治、経済の分野に片寄ってしまい、自然科学、技術や人文分野での研究、認識はきわめて浅薄だと言わざるをえない。

ノーベル賞受賞者一つをとっても、日本は文学、平和、自然科学（物理、化学、医学、生理学）などで二〇一三年までの受賞者数は一九名にも上るが、中国大陸ではわずか平和・文学賞の二人しか現われていない。

なぜこうなったか？　その真の原因はどこにあるのか？　これは中国全国民が熟慮《じゅくりょ》すべき重大な課題の一つでもあるのだ。

■低IQ人民共和国

次のようなショッキングな統計がある。「博訊新聞网」サイトによれば（これは「人民日報海外版」によるデータだが）、二〇一一年、中国人の年間の平均読書量は四・三冊である。これは韓国人の一一冊、フランス人の二〇冊、日本人の四〇冊、ユダヤ人の六四冊と比べてあまりにも少なすぎる。

このデータは、中国国内の多数のマスコミで取りあげられる騒ぎになり、心ある中国人を嘆かせた。そしてこの結果に疑問を抱く中国人も多数いた。これに対して中国新聞出版研究院（中国新聞出版総署の傘下機構）の責任者、徐昇国《じょしょうこく》氏はこう述べている。

「二〇一一年、我が国の一八歳から七〇歳までの国民一人あたりの平均読書量は、年間四・三五冊である。これは我が研究院主催の第九回全国国民閲読調査で得た結果である」

徐氏によると、一九九九年から中国では毎年一回、国民文化消費追跡調査の一環としてこの調査が行なわれてきたという。ちなみに、二〇一〇年は四・二五冊、二〇〇九年は三・八八冊、二〇〇八年は四・七五冊であった。

私はかつて二〇〇〇年に『中国人民に告ぐ！』（祥伝社）という本の中でも、中国人の四〇％の青年が家に一冊の本も持たない（一九九四年の統計）というデータを呈示して、「文化砂漠」たる中国を厳しく評価したことがある。

一九九一年の来日以降、私は中国に毎年二、三回のペースで帰国したものだが、いつも実感するのは、高層ビルや華やかなレストラン、サウナ施設などは目立つようになった一方、書店は毎年減少しているということである。

私の郷里の瀋陽（二〇一四年の都市人口八〇〇万、近郊を合わせると一一〇〇万）には日本の紀伊國屋《きのくにや》書店のような本屋が二カ所しかない。小規模の本屋（私が来日前に通った）はほとんど潰《つぶ》れて、その跡地には立派すぎるホテルかレストランが建っている。

大前研一《おおまえけんいち》氏は『「知の衰退」からいかに脱出するか？』（光文社）という著書の中で、日本人の読書量が減少し、現在の若者は自分の半径三メートルのことにしか関心を持たない、成功の欲望も、学習能力も低下した日本は「低ＩＱ社会」に突入した、と指摘した。

この本が二〇一〇年、中国北京で『低智商（注・ＩＱ）社会』として翻訳出版され、以来中国の教育、文化問題を語る際に盛んに引用されている。ちなみに大前氏は中国では世界的経営コンサルタントとして著名であり、「日本の戦略の父」とも言われている。

大前氏の「低ＩＱ社会」というタイトルを借りて言えば、中国はいま厳然たる「低ＩＱ

社会」であり、私は中国を「低ＩＱ人民共和国」と称したい。

最近気付いたことだが、中国では公刊書の数は多いが、ほとんどがパクリものか、似通《にかよ》ったもので、本当に読みたい本は多くない。自己啓発やいかに金儲《もう》けするかといった本はきわめて多いが、本当にユニークで、新しい着眼点を持つ本や、学問分野でいえば新しい発見などの書はきわめて稀有《けう》である。

私は中国で本を多数買うのだが、その学問的価値よりも大部分はデータ的資料として使うためである。かつてもいまも、独立的思考、個人の成熟、正義的公共意識をもつこと、斬新《ざんしん》たる発想や真理の追究、これらのテーマが中国のような社会で素材とされるのは、容易なことではない。

しかし、「低ＩＱ」と揶揄《やゆ》はしたものの、私は本心では中国人は低ＩＱではないと思う。むしろ、中国人のＩＱはさまざまな意味合いで、他民族よりも低くはないと思う。ただし、せっかく知恵のある民族なのに、その知恵を悪知恵《わるぢえ》にしか活用していないのがもったいない。

パクリ、カンニング、嘘つき、ルール無視など、世界的に中国人のイメージに悪影響を与えたのは、中国人の悪知恵に由来する。これを世界では、国民の民度の問題として捉える。

■メイド・イン・チャイナが知能を低下させている

ところが、中国人自身の知能（ＩＱ）を害する偽物食品や劣化製品が中国内部でも蔓延《まんえん》している。

『中國比小説更離奇（中国は小説より奇なり）』（二〇〇九年）の著者で香港《ホンコン》生まれの文化評論家鍾祖康《しょうそこう》氏は、二〇〇二年より中国製品の品質や安全問題に対して関心を寄せてきた。彼は中国当局の検査結果に基づいて「中国の劣化商品が、中国人の知能を劣化させる」とずばり指摘している。

彼の指摘によれば、玩具の七〇％もしくは一〇〇％（中にはオールカラーの児童書籍も含む）で、鉛、鉻（クロム）、ベンゼンなどの含有量が基準指数を超えている。また、衣服や陶器、茶葉などにも五〇～七〇％の製品に、基準指数を超えた有毒素が大量に含まれているとされる。

鍾氏はこう述べている。

「中国は自分が作ったきわめていい加減な商品に、驚くべき代価を払わざるをえなかった。二〇〇四年、安徽《あんき》省阜陽《ふよう》市の『大頭嬰奶粉』（粉ミルクに含有した有毒成分により、嬰児《えいじ》の頭が異常に大きくなること）事件は、数人の嬰児の命を奪った。そして、北京児童病院および深圳《しんせん》児童病院の研究で判明したのだが、九割の白血病の児童の家で、過去半年内に改装が行なわれていた。中国製の建材から大量のホルマリン、ベンゼンなどの白血病に至る有毒成分が放出されていたのだ」（前掲書）

しかし、これらの災難は、中国の劣化商品の総数に比べたら、氷山の一角にすぎない。中国の都市部の児童は、一般的に五割が鉛中毒に冒されているため、知能が低下し、学習意欲をなくしたり、過度に体を動かすなどしている。またその頭が普通の児童よりも小さく、身長も著しく低い。しかもこれら鉛の源は中国全土に広がっている中国製の国産劣化商品である。

鉛の含有率を下げるための処置をすると金がかかるため、利益を重視する製造者は、鉛毒除去の努力を怠《おこた》る。その結果、鉛毒が多量に含まれた劣化商品が市場に出回るのだ。

最近、イギリス最大の玩具店ハムレイズが売り出しを取りやめた中国製児童向けネックレスの中に、九・三％の鉛成分が含有されていることが分かった（国際基準は〇・〇六％

である)。

このようなきわめて多量の鉛を含有している製品は、児童の健康に有害であるのみならず、あやまって口に入れたり、なめたりすると、急性中毒によって命を落とす危険性も十分ある。二〇〇六年アメリカでは、これによる中毒が発生した。

国際健康組織「児童鉛中毒防止連盟」はすでに警告を出している。「もし中国が鉛中毒を放置したままなら、二〇年後中国人の平均知能指数はアメリカ人よりも五%低下する」と。

現在香港は、食物と日用品を中国大陸に依存しているせいで、大衆の健康水準は、同じ経済発展地域と比べはるかに低下している。香港の四分の一に近い新生児において、血液中の水銀の含有量が基準値より多いという報告もある。二割近い下流階層の児童でも、血液中の含鉛量が基準値を超えている。

以上のような実態を踏まえて、将来仮にGDPでアメリカを凌《しの》ぐほどの世界的大国になったとしても、中国国民の知能水準や知性が低下するという事態が、深刻に懸念されている。

■対照的な二つの出来事

二〇一一年七月二十三日に浙江《せっこう》省温州《おんしゅう》市付近で起きた高速鉄道事故は、「物進人退」を象徴する出来事であった。

死者四〇名、負傷者二百数名を出した7・23事故は、世界に中国の現状を大きく知らしめたもので、事故発生そのものに加えて、それに対する人的対応、調査などもまたもや世界をあきれさせた。

一言でいえば、世界の最先端の物を手に入れても、中国人にはその物を上手に使いこなす人的素質が備わっていないことを自ら露呈したのである。

それに対して、米国の「ウォール・ストリート・ジャーナル」は七月二十八日に社説を発表し、「中国政府は輝かしいプロジェクトの栄光を追い求めつつも、基本的な安全基準を鉄道関連会社に遵守《じゅんしゅ》させる能力があるかどうかについて、重大な疑義を生じさせている」と評論している。

社説は、中国は運行を急いだとし、いままで事故がなかったことが幸いだと皮肉った口調で批判し、根本的な問題は「複雑なシステムの開発や管理能力の欠如といった中国の制度そのものにある」と指摘している。

実は「中国経済網」によれば、二〇一一年七月の一カ月のうち、高速鉄道の故障が一六八件も起きていた。7・23事故以降にも、七月二十七日にやはり温州南駅付近で信号システムによる停車、さらに運行停止の事故が起きていたのである。

「原因は、製造過程において、ものづくりに慣れていない中国人作業員による部品の欠陥などが七〇%、現場の人員たちの故障処理不慣れによる、不当作業が三〇%だ」と中国高速鉄道関連の責任者がマスコミに発表していた。

7・23事故の原因について、政府は結論をずっと年末まで延ばしたまま公表しなかったが、これも中国式である。「法広中文網」というサイトによれば（上海特約記者曹国星《そうこくせい》）、中国では特別重大な事故の調査報告は法律上、事故発生当日から一二〇日を超えてはならないとされている。

事故調査組長で、国家安全生産監督管理総局局長の駱琳《らくりん》は、「調査結果を九月中旬に公表する」とマスコミには発表したが、一二〇日をはるかに超えた時点でも最終調査報告が公開されていなかった。雑誌「財経」は調査組織に詳しい人と消息通の話を引用し、いまだに発表しなかった調査報告の主要内容を明らかにした。

「世界一」の設備を使いこなせなかった

事故の四日後には車両はすっかり現場に埋められてしまうという前代未聞の隠蔽処置が行なわれ、世界をあきれさせた。写真／ロイター＝共同

「今回の重大事故の原因は、信号設備のソフト設計上の欠陥もあれば、運行中の処置、指揮の人的ミスでもあった。信号設備の製造者から上海鉄道局の指揮官、温州南駅の運行指令者の指揮配置、さらに点検、修理やその記録に至るまで、事故は鉄道局の多くの部門に多大な問題があったことを露見させた」

結局、中国政府は公の場であれこれ言い訳をしたけれども、中国におけるソフト面における実力、つまり、人間の資質に重大な問題があることを自ら露呈してしまったのだ。さらに鉄道省が人命救助よりも証拠隠滅を図るなど、ずさんな対応は国際的に厳しく批判された。

自ら「世界ナンバー1の高速鉄道」と自慢し、最先端の技術、機械を持ちながらも、それを操《あやつ》る人間のレベルが低い。この事故は、そんな現在の中国の「物進人退」の実情を立証したにすぎなかった。

■中国知識人も高く評価した日本人の教養と資質

二〇一一年三月十一日の東日本大震災は、実に中国の事故と対照的な様相を呈した。史上最大、一〇〇〇年に一度とまでいわれる規模の大地震だったが、日本政府と民間人の適切な対応は、世界の人々を驚かせた。

「反日」的な中国のマスコミも、日本人の対応には感服したものだ。中国新華社の記者が震災の現場から発した記事には、このように書かれていた。

「すさまじい震災後の混乱にもかかわらず、人々の秩序はきわめて良好であった。信号が停電で機能しなくなっても、警察が車を誘導する必要もなく、車は整然と交通ルールを守って、互いに譲りあっていた。災害は人々の心を撃沈させず、彼らはくじけずに精一杯がんばっていた。彼らは顔見知りの人とでも知らない人とでも互いに挨拶を交わした。気をつけてねー！と」

「日本では、空前の災難のさなかでも、依然として整然と列に並んで物を買うし、食品を受けとったりした。店でも機会に乗じて物価を引き上げる悪徳商人は一人もいなかった。もちろん民衆も物を買いあさることをしなかった。しかし、それまで地震などなかった、はるかな中国大陸の深圳など大都市では、民衆たちが食塩を争って買う風潮が澎湃《ほうはい》として起こった。中国の商店でも、この機会に乗じて一袋数元の塩を三〇元に値上げして売りまくった。それにしても買えない人が多かった」

中国ではかつて塩は国が管理、販売していた。だから有事になると国が塩の販売を取りやめるのではないかという不安が民衆に広がるので、塩の買いだめが起こることが多い。東日本大震災の直後は、それに加えて塩が放射能汚染を防ぐというデマが広がり、塩の買い占めが起こったのだ。

中山《ちゆうざん》大学の副総長陳春声《ちんしゆんせい》は、その日東京で地震を体験した人物である。十四日に広州へ戻った陳氏は、大学生たちにこう述べている。

「地震の際にも、日本人たちはすぐに家に電話をかけたりしない。日本では地下鉄や電車、バスの中では携帯電話をかけないことがルールだ。東京で激しく揺れ続けた三分間の最中でも、交通秩序は大変整然としていたし、赤信号を無視する現象も起こらなかった。広場に集まった人々もとても落ち着いていた。日本人は政府を信じているし、揺れが止まったら、すぐさま自分の職場に戻った。広場にはゴミ一つ残していなかった」

陳氏はまた、日本のマスコミが報道しているのはすべて震災の実録であり、客観的に報道すると同時に、インタビューするときにも感動を覚えたと述べている。

「なぜこのような激甚《げきじん》な震災の後でも、日本人は恐れず、くじけずに泰然自若《たいぜんじじゃく》、秩序整然を保つことが可能であるのか」

陳氏は、日本人の民度の高さ、政府の誠意などにその理由を求めている。

①日本の国民の素質が高いし、美しい心情、健康な魂があるからだ。日本人は心で災難に打ち勝つのである。

②日本という国の国民は、ルールと法律の遵守を命より大切にし、ことに災難の前でルールと法律を守らないことが災害よりも恐ろしいことを知っている。

③政府は信頼性があり、国民に安心感、信頼感を持たせる。

④道徳心に富み、愛情が深く、社会的責任感のある人が多いため、名利《みょうり》、物欲に淡白である。
⑤安全意識が日頃より高く、予防措置などがよくできている。

要するに、大震災の前で表われた日本国民の教養と資質は、われわれ中国人に汗顔《かんがん》（はずかしくて、顔に汗をかく）させ、慙愧《ざんき》（自分の見苦しさや過《あやま》ちを反省して、心に深く恥じること）させ、穴があったら入りたい思いにさせるのである。

■中国の問題は、つまるところ人間の進化の問題

少しでも片寄った民族主義者ではない中国人であれば、誰でも中国人の資質、民度の現在のレベルには「汗顔」「慙愧」するだろう。

私も現在こそ日本国籍を取得しているものの、第一の母国である中国の民度の低さには、きわめて憂慮《ゆうりょ》させられる。中国の問題を考える際忘れてはいけないことは、実はそれらはすべて、中国人の人間としての民度の問題に直結していることだ。

告白するならば、私はかつて魯迅が、『阿Q正伝《あきゅうせいでん》』で中国人の国民性レベルの劣悪さを

歯痒《はがゆ》い思いで批判したのと同じ気持ちで、この本を書いているのだ。

魯迅や胡適《こてき》のような先覚者の中国人批判は、いまだに効力を失っていない。中国が崛起して、ＧＤＰ大国になった今日、中国人の人間としての民度の問題は、なおさら重大な問題として今後わきあがってくるだろう。

二〇一一年二月二十七日、温家宝《おんかほう》首相（当時）は、インターネット上でこのような言葉を発信している。

「実は世界中が『中国崛起』を議論しているのだが、もっとも多いのはＧＤＰの話題だ。しかし、私は『中国崛起』のシンボルは、まぎれもなく人材、教育にあると思う」

ＧＤＰの統計数字よりも、ハードな経済力よりも、ソフトな人間力、文化力の大切さを温首相も知っていたのである。

かつて、日本の世界的進化学者、人類学者の今西錦司《いまにしきんじ》は、文明の発展とは「知識を中心とした生態系の共存」だと進化論的主張をしている。

二十世紀の代表的経済学者で社会哲学者でもあるＦ・Ａ・ハイエクは、ＧＤＰによって経済成長を測るような客観的な指標でなければ、文明の成長を見ることはできないと断言している。

ハイエクによれば、文明の進化に必要な条件とは、経済成長でも人口増加でもなく「知識の成長」であるという。さらに、個人個人の知識の増大によって文明の成長を誘導するとしている。すなわち、文明社会の成長基準は、個人の知識の成長を促進するか否かの問題である。

現在、中国ではすべてが日進月歩で進歩、進化を果たしているか、その進行中である。つまり、中国人の身のまわりのものすべて、物、情報、技術、富などがかつてない進化をしている中、肝心な中国人自身の人的資質、知識、知見、教養、モラルのような「文明進化」の条件はむしろ退化している。

政治的制度や腐敗はおいても、空前の物欲の虜《とりこ》になっている。

中国人の功利性、金銭第一主義、快楽主義は、それ以外の教養、知識、信仰の追求を不可能にしている。

そもそも中国人の世界観には「天」「地」「人」の三才構造がある。「天」と「地」の間に立っている「人」、すなわち「我」が現世だという考えだ。現世、生きている間が何よりも大事だとする中国人には、宗教的意味の信仰もなければ、死後のことも重要ではない。大事なのは生きているいま現在であり、生きるためにもっとも大事なのはカネである。カネがすべてであり、「カネ持ちになる」のが最高の名誉である。だから中国人にとって頼りになるのは、カネと人脈しかない。

日本人と比べても、同じ東アジア文明圏なのに、思考方法も行動原理も違うし、カネに執着する心も格段に強い。日本人が中国人と商談する際、常に中国人のカネに対する並外れた執着には辟易《へきえき》させられる。「中国人は何でも譲ることはできても、カネの面では一歩も譲らない」。中国人と付き合いのある日本人の友人からよく聞かされる話である。

私は、中国がなぜ日本や韓国のような「民主国家」にならないのか、という質問をよく受ける。その答えはさまざまあるものの、やはり、「中国は富国強兵の大国になるために、カネは欲しいけど民主化は必要ない」という考え方が根底にあることだと思う。

ある意味で、中国の文化的、文明的進化を止めている原因は、このようなカネへのきわめて強烈な執着心、功利主義を筆頭とした現実、現世主義である。だから現世での物欲以外の高次的精神の追求には、それほど執着しないのが中国人である。

私は国民性が斯様《かよう》である限り、中国社会が文明的に進化するのは、大変難しいと思う。人間の進化なく、物だけ進化してゆくのは、ますます人間の進化を遅延させる。それは明らかなことである。

第二章

一〇〇年間進化していない国民性と民度

■なぜ「国民性」「民度」なのか

拙著全編を通して、私が声高に主張したいのは、中国人の「進化」はもはや止まったということである。

ここで「進化」という言葉が意味するものは、言うまでもなく、国民性、民度という言葉で表現される国民の素質の問題だ。先進国の日本や欧米、あるいは韓国ですらもほとんど死語同然の「国民性」という単語は、いまだ中国人の実態を語るのには有効な言葉である。

先進諸国と違い、現在でもなお中国では、「国民性改造」云々《うんぬん》の提唱が知識人やマスコミ、共産党政府高官の間で盛んに行なわれている。

開明的な知識人たちは、はっきり明言している。「一九七八年の鄧小平の改革開放以来、達成した経済的発展はよしとしても、多くの分野できわめて大きな危険を内包している」と。

しかも今日の諸問題により、中国は史上「最悪」の状態であると見《み》なしている。

改革三〇年、人民の生活は大いに改善したが、人民の労働がもたらした成果は、各クラスの公務員や少数の既得権益者たちの分け前となり、社会的貧富の差はますます大きくなった。改革は、中国の共産主義などイデオロギーへの信奉を崩壊させ、公務員の腐敗、堕落と拝金《はいきん》主義を助長した。

また、空前の建設ラッシュは中国の自然資源と生態環境を破壊し、そのスピードはむしろ発展のスピードを超えるほどに深刻化している。しかも政府の無策により環境破壊の歯止めが利《き》かなくなり、国民全体の基本的生存権をも危うくすることになった。

一言でいえば、「数千年の文化を負ってきた中国は、信仰心もない、道徳心もない、自己浄化の能力もない、不潔な空気に危険な食品を食べる最悪の事態を迎えている」。

このような悪循環を招いたのは、共産党独裁であり、独裁を放置しているのも人民の国民性の弱点によるものである。

こうした中国人民の国民性を改造、再生しない限り、中国には希望がない。中国および中国人の未進化は、つまり国民性、国民資質の未進化である。

■「国民性改造」を一〇〇年間も叫んできた

大変興味深いことは、中国人自身の「国民性改造」については中国では一〇〇年、あるいは百数十年前から強調されてきたことである。

十九世紀末葉、西洋文明の東漸《とうぜん》により、西洋の思想も中国に入ってきたのだが、直接西洋から、あるいは日本を経由して輸入されたものが多かった。

中国の近代化を実現するためには、西洋的文物、制度の導入のみではなく、古い価値観に凝《こ》り固まった中国人の国民性を改造、改良しないといけないと、知識人たちは認識していた。梁啓超《りょうけいちょう》や魯迅、陳独秀《ちんどくしゅう》、胡適ら当時中国を代表する知識人のエリートたちが、国民性改造論の主唱者だった。

日本へ亡命した梁啓超が、福沢諭吉の文明論の影響を多大に受けている。梁は『少年中国説』や一九〇三年の『新民説』の中で中国人の国民性の欠陥を指摘し、その進化の必要性を強く訴えた。

もちろん梁は、一九一二年の中国帰国後に書いた『中国前途之希望与国民責任』の中ではじめて「国民性」という言葉を使用しているが、これも明らかに明治時代より盛んに使われてきた日本語から学んだものである。

梁よりやや遅れて、後輩の魯迅も日本で明治の近代文明の洗礼を受け、「国民性改造」に目を覚ました。魯迅は死の直前まで、中国国民性を論じた名著『支那人気質』(アーサー・H・スミス著、一八九〇年刊)を引用したり、その中国語訳を出版せよと国民に訴えた。専門家の考証によれば、明らかに日本留学中の一八九六年、渋江保《しぶえたもつ》によるその訳著『支那人気質』を読んでいたという。

中国人の国民性改造を自分の使命と決めた魯迅は、一九二〇年代初期の名作『吶喊《とっかん》』の序文(丸山昇訳)で、次のように表白している。

「愚弱《ぐじゃく》な国民は、体格がどんなにりっぱでどんなに丈夫でも、なんの意味もない見せしめの材料と観客にしかなれない、なん人病死しようが、不幸と考える必要はないのだ、と思ったからである。したがってわれわれが第一に手をつけるべきことは、彼らの精神を改革することにある、そして精神の改革に有効なものと言えば、私は当時、当然文芸を推すべきだと考えた、そこで文芸運動を提唱しようと思った……」

まさに魯迅は畢生《ひっせい》の仕事の主眼を、中国人の国民性批判に置いていたのだ。

一〇〇年前の中国人エリートたちは、生き残るためには近代化が必須で、富国強兵と国民的素質とは密接にリンクしていると認識していた。

孫文《そんぶん》も、蔣介石《しょうかいせき》も、そして毛沢東も「国民性改造」を革命の重要な眼目としていたのだ。

鄧小平時代の一九八〇年も国民性についての反省が澎湃《ほうはい》として起こり、「国民性改造」は知識人のもっとも重要なテーマであった。

二十一世紀のいまでもたびたび「国民性改造」が語られるのは、日本や韓国と比べても興味深いことである。この事実自体が、中国人の悲願である「国民性改造」がほとんど達成されていない証左にほかならない。

■国民性の「劣根性《レーコンシン》」

なるほど、中国の国民性、民度は一〇〇年間進化していない。これは少しも嘘偽りのない事実である。

さて、「国民性」という概念、定義をここで若干振り返ってみよう。

『社会心理学ハンドブック』（ロカレス・レビンソン著、一九五四年刊）によれば、「国民性とは、ある社会の成人の構成員にもっともよく見られる人格の特性とその類型を指す」。

心理学者の宮城音弥《みやぎおとや》によれば、「国民性には、国民のモーダル・パーソナリティ（文化集団の中で多く見られる性格）として、統計によらなくても、経験的に該当集団に多く見られる特徴を指摘することもできる。そして、ある社会、人間集団がつくり出した生活様式（すなわち文化）をも指す」が、「国民性は国民の文化である」とする。

「民度」は、国民性の上に経済的、生活的な質が加わり、ある集団の文化程度の総体を示す。中国では、「民度」という言葉はほとんど使われていないが、私の観察によれば、民度も国民性の中に入れて考えているようだ。

中国においては、西洋あるいは日本の近代に遅れた原因を分析するとき、国民性という定義を超えて、「文化精神」「民族精神」という概念を使う。「文化精神」とは、ある民族や集団の中に存在する価値体系および文化パターンや情緒、道徳などのことだ。

一〇〇年前から、西洋や、日本のようなレベルの近代化を目指した中国の知識人、エリートたちが、中国人の国民性改造を提唱した裏には、中国国民性には「劣根性《レーコンシン》」が存在すると考えたからだ。

「劣根性」というのは言葉どおり、劣等根性、劣性、ことに資質、性格面でひどく劣っていて貧弱、劣悪であることを指している。

劣根性という自己認識は、西洋的近代化に遅れをとり、日清戦争で敗北した中国人の自己反省、批判の産物だったことは明らかである。

梁啓超は、日清戦争後の一九〇三年に書いた「新民説」の中で「新民が誕生すれば新制度も、新政府も、新国家も自然に誕生する」と強調しているが、この「新民」とは資質の向上した国民のことである。

近代化の実現は、国民資質の向上にあるという認識は、毛沢東後の鄧小平時代にようやく普遍化した。すなわち中国の国民性の劣根性を改造して、民度をレベルアップすることが、普遍的認識にはなっているものの、その劣根性自体がまた劣根性改造の障害になっているのだ。

これまた現代中国社会のジレンマの一つでもある。ここで私はある中国エリートの話を挙げたい。魯迅と同時代の偉大な学者、文化人であった胡適は、こう述べている。

「今になってわれわれに喫緊《きっきん》で必要とされる新しい覚悟は、われわれは自ら自分のあやまちを認めることである。われわれは、自分たちが百事（すべて）において他人に及ばない、物質のみではなく、また機械文明のみではなく、政治社会、道徳においてもすべて他国より劣ることを承知しなければならない。われわれは今日になっても、頭を下げて他人の治人富国の組織と方法を学ぼうとしない」（『請大家来照照鏡子』）

一九一〇年代、五四運動、新文化運動のエリートたちは、中国がすべてにおいて西洋および日本の近代性に学ぶべきだと言及している。

残念ながら胡適の指摘は、二十一世紀の現代中国にもそのまま通用する。

■西洋人が一〇〇年前に書いた中国国民性論の名著

私が常々不思議に思うのは、他国では一〇〇年も歳月が経過すると、もともとあった国民性の「劣根性」も相当改造されたり、直ったりするものだが、唯一中国だけは違うということだ。

たとえば一〇〇年前の日本人や西洋人が残した記録では、韓国の国民性の中には「感動しない、感情が乏しい」とか「悠長《ゆうちょう》で万事急がない」という記述がたびたび登場する。

しかし、一〇〇年後の現在の韓国人は感情表現が日本人や中国人以上に豊かで性格も悠長どころかきわめて短気で、せっかちである。愛国心が乏しいとされた韓国では、愛国心はいまや東アジア最高であると言われる。

これと比べれば、中国国民の劣根性は、ほとんど変わっていない。

近年、私は本書の準備や『百年前の日中韓』の執筆のため、西洋人による中国、韓国、日本論を多数読みこんだ。

その中で、私はある著作に特別に愛着を持ったことを告白せねばならない。それは、六九ページでも触れたが、文豪魯迅が生前四度にわたり、必ず中国語に訳せよと縷々《るる》言及した西洋人の著書である。

一九三六年十月五日（魯迅が死去した十月十九日の二週間前）、魯迅は「立此存照」という文章を発表し、次のように訴える。

「私はいまだに誰かがアーサー・H・スミスの『支那人気質』を翻訳してくれることを望んでいる。この本を読めば、自己省察し、分析して、中からどれが正しいかを明白にすることができる。変革、あがき、自ら努力するが、他人の容赦と賞賛から中国人はどういう者かを証明しようとはしない」

スミスの『支那人気質』に対する高い関心は、魯迅の生涯を貫いていた。一九二六年七月二日、「馬上支日記」という文章の中でも、日本の安岡秀夫《やすおかひでお》の『小説から見た支那の民族性』に言及しながら、日本人もスミスの『支那人気質』を重宝しているが、「私たち支那人はあまりその著作に関心を持たない」と慨嘆する。

それから、一九三三年十月二十七日、陶亢徳《とうこうとく》への手紙の中でも、安岡の本を引用しながら、スミスの『支那人気質』を強調し、中国語の訳本が必要だと述べている。

アメリカの近現代中国研究の第一人者であるJ・K・フェアバンク（中国名、費正清《ひせいせい》）教授も「スミスの『支那人気質』は欠点もあるものの、西洋の中国近代研究の新しいしるべであり、後世の中国研究の基礎を築いた」と高い評価を下している。

スミスの『支那人気質』は、日本でも明治時代と大正、昭和時代に翻訳出版され、日本人の中国人観にもきわめて多大な影響を及ぼしている。

そして、中国人の自己認識、国民性批判の面でも魯迅、林語堂《りんごどう》の世代にまで大きな影響を与えている。魯迅の国民性批判は、日本留学中の一九〇二年、日本語訳によるこの本を読んだからだという研究結果がある。魯迅の『阿Q正伝《あきゅうせいでん》』や数多くの随筆、文芸作品のモチーフは、スミスの影響下で展開されていると言っても過言ではない。

現代中国の大学者、哲学者の林語堂《りんごどう》の英文労作《ろうさく》『中国人』という名著も、やはりスミスのアイディアを受けて執筆されたのである。

さて、スミスのこの本は一体どのような著作であり、また著者はどんな人物であったのだろうか。

なぜ一〇〇年が過ぎたいまでも、中国人国民性を論じた中で最大級の名著とされているのだろうか。

■スミスは国民性をリアルに活写した

アーサー・ヘンダーソン・スミス（一八四五―一九三二）は、アメリカの開明的な宣教師として中国に五十余年滞在し、中国名「明恩溥《みんおんぽ》」を名乗った。

彼が書いた中国体験記、中国論の代表作が『Chinese Characteristics』で、一八九四年アメリカのＦＩＥＭＩＮＧ社で出版される。日本でもいち早く一八九六年、渋江保による邦訳『支那人気質』と、一九四〇年に白神徹《しらがみとおる》訳による『支那的性格』が出版される。

私は運よく、中国の東北師範大学在学中、一九八三年、日本のペンパルが郵送してくれた一九四〇年版の『支那的性格』（中央公論社発行）を読むことができた。

おそらく、現代の中国大陸で、もっとも早い時期にこの名著に接触した一人であるだろう。なぜなら、中国では開放後この本に最初に接して、訳したのが、中国社会科学院の張《ちょう》夢《む》陽《よう》氏であり、彼の述懐によれば、一九九五年にこの本を見つけて、一九九六年中国語に訳したのであるからだ。

一九八三年、大学三年生であった私は、日本文学科で日本語を学んでいたので、日本語によるスミスの本を読みながら、大変深い感銘を受けた。当時私はこの本を中国語に訳して出版しようと努力したが、うまくいかなかった。

それでは、スミスの本の内容について見てみよう。

スミスは、中国体験二二年を根拠として、本文を執筆し、上海の英文新聞「華北毎日」にその一部を連載した。掲載と同時に中国の南方やイギリス、アメリカとカナダで大きな反響を巻き起こし、一冊の本として刊行を望む声が高まったため、一八九四年アメリカで出版するや、たちまちベストセラーになった。

スミスは、中国人の国民性気質を以下の二七項目に分けて分析した。

①面子《メンツ》重視　②節倹　③勤労　④礼儀　⑤時間意識の欠如　⑥正確性欠如　⑦誤解の天才　⑧嘘つき　⑨柔順な頑固性　⑩知力の混沌《こんとん》　⑪万事に無関心　⑫外国人軽視　⑬公共精神の欠如　⑭保守的性格　⑮便利と安全性軽視　⑯生命力　⑰忍耐力　⑱知足常楽　⑲

孝心　⑳仁慈　㉑同情心欠如　㉒社会的風波が多い　㉓連座法　㉔相互猜疑《さいぎ》心が強い　㉕誠意、信頼感の欠如　㉖多神論的　㉗現実環境と時務精神

博覧強記《はくらんきょうき》の著者は、公平な視点で中国国民性の長所と短所を的確に分析、記述している。さらには、中国をこよなく愛した外国人宣教師として、中国人に愛情を持って、その性格と気質を観察していることに驚かされる。その上で、多面的に中国や国民性を分析しながら、著作の中でくまなく中国人の国民的劣弱性をえぐり出してもいる。

■一〇〇年後の現代にも通じるスミスの中国人解剖

本の中で、スミスが指摘した中国人の性格（国民性）のさまざまな弱点は、百余年たった今日でも依然としてそのままだ。

たとえば、時間意識の欠如、正確性欠如、公共精神の欠如、誠意、信頼感の欠如などは、現在の中国にそのまま当てはまる。

窃盗癖《せっとうへき》についてはこう述べている。

「中国人は『公共』に属した物に対して興味を持たないのみでなく、徹底的に守らないか

ら失われる可能性が高い。つまり窃盗の目標物にされやすい。道路に敷かれた石も勝手に盗んでもっていくし、城壁の煉瓦《れんが》も一枚ずつ盗んでしまう。中国のある港町の外国人墓地に石塀《いしべい》があったのだが、墓地に専門の見張りがいないことを知ったら、石塀の煉瓦は、みな盗まれて一枚も残らなかった……」

まるで、一〇〇年後の現在を活写《かつしゃ》しているようで、この本を読む中国人なら誰もが赤面するはずだ。現在日本国内でも外国人の全犯罪率中、中国人によるものが四割を占め（四二・二％、平成二十四年警察庁調べ）、中でも中国人の窃盗は有名である。

偽り、嘘、偽物造りは、現在国際社会の中でも、中国の悪いイメージを生む一つの要因になっている。

スミスは、一〇〇年前の中国人のこの特徴について、繰り返し言及している。

「にせものばかり、にせの尺（寸法）、にせの銭とにせものの商品――これらの現象は中国では回避できない。たとえ、一部の有名な老舗《しにせ》で目ざましい看板をかけて、客に向かって本店は『貨真価実』（にせものはない）『絶無二価』（価格平等）と標榜しても実際は絶対うそである」

また、スミスは、中国通の英国人宣教師キド（一七九九―一八四三）教授の中国人の

「信用」に関する話を借りて、こう指摘する。

「人間の性質で美徳といえるのは『信』であるが、中国人はそれを軽蔑している。現実の生活態度も『信』にはほど遠いものである。中国人は公私ともに『信』にそむいている。まさに虚偽、欺瞞《ぎまん》、口是心非（面従腹背《めんじゅうふくはい》）、付和雷同《ふわらいどう》こそ、この民族の突出した特徴である」

中国人の「金の巻き上げ」についても、スミスは「必要な知識さえ備えれば、大変面白い本を書くことができる」とし、「巻き上げは、上は皇帝から下は乞食まで、中国では普遍的に行なわれている」と直言する。

スミスは中国では、「人々は空気をすわずに生きることができないように、巻き上げなしで生きることはできない」と断言していたが、それは見事な分析だった。

また、スミスは、中国人の物欲、現世利益追求に対して、重要な発見をしている。彼は言う。

「中国人の生活はただ二つの要素で構成されている。それは胃袋と銭袋《ぜにぶくろ》だ。彼らは正真正銘の実用主義者であるがゆえ、彼らは見聞きしたことのない事物に対しては理解しない。彼らには事物の原因を分析する観念は皆無である」

「中国では『ネズミさえ捕えれば良いネコ』である。成功すればすべてである」

中国人の胃袋と銭袋。確かにスミスは中国の今日を見抜いていたようだ。

そして、スミスは中国人のトラブル、喧嘩《けんか》についても、まざまざと指摘する。

「金銭、食物、衣類、子供、犬、にわとり、あらゆるもの、どんな些細《ささい》なことでも、わけの分からないけんかの原因になる」

このような民衆、このような国民の劣根性、そしてこのような国民の上に立つ政治体制の改革の困難さについても、スミスは的確な指摘をしている。

「中国が他国のように数回の内部革命を経過していないのは」、中国政府は「立方体であり」、どんなに倒しても「すべてが旧態依然《きゅうたいいぜん》である」。

中国の「改革は表面的にすぎないので、すぐさま後戻りする」。「中国の政治階級は中華帝国の中でもっともすぐれた人物ではない、もっとも腐敗した悪人である」。「帝国のすべての官吏は悪人でありいなくなるべきだが、たとえ全員殺しても無駄でもある。なぜなら、次に任命する官吏も悪人であるからだ」。

スミスは、中国の改革は至難だが、物質文明を輸入するよりも、「必ず国民の性格の形成原因を探究し、人格を昇華させる」ことだと断言している。

当時の中国人がスミスの苦言に耳を傾けていたら、中国はどれだけ変化、進化したことだろう。スミスの指摘は、そのまま今日の中国人、中国社会に対してきわめて有益な金言となっている。全中国人は、彼の言葉に感謝すべきであると私は思うのだが。

■一〇〇年前の日本人は中国人の国民性をいかに評価したか

近代において、中国にもっとも関心を持って、理解、研究を深めてきたのは、欧米よりも日本である。

スミスと同時代の明治後期、ことに日清戦争を契機にして、日本における大陸中国への関心の高まりは空前のものとなり、中国の対外開放にともなって中国への旅行、滞留が可能になった。これにより、日本人の中国社会、国民性研究は日清戦争から日露戦争までの間に、一大ブームを巻き起こした。

当然、その次のブームは大正時代に入っても続き、さらに日中戦争期や日本の敗戦まで途絶えることはなかった。

日清戦争後、中国訪問、滞在をもとにした、日本の知識人、軍人たちによる中国国民性論は、きわめて活発だった。

百余年前、中国大陸の土を踏んだ日本人の中から私がことに注目したいのは、当代きっての代表的ジャーナリストであり知識人でもあった徳富蘇峰《とくとみそほう》や、哲学者宇野哲人《うのてつと》、日本人教師として北京同文学社で教鞭《きょうべん》を執《と》った高瀬敏徳《たかせとしのり》という人物などである。

彼らは、中国を実地踏査した見聞をベースとして、中国国民性を論じていた。

一九〇六年十一月、徳富蘇峰は、旅行の見聞を『七十八日遊記』として出版している。宇野哲人も、北京に留学したのが一九〇六年で、東洋史学者の桑原隲蔵《くわばらじつぞう》も同時期に留学していた。宇野はのちにその体験を『支那文明記』（一九一二年刊）としてまとめている。高瀬敏徳は一九〇四年に『北清見聞録《ほくしんけんぶんろく》』を出版するが、徳富蘇峰らが序文を書いたのが興味深い。

当時の日本人が見た中国国民性像は、基本的に愛国心欠如、保守的、虚偽、頑迷《がんめい》、卑劣、不潔などというものであった。そこには、スミスの中国人論にも一脈通じる面があったといえよう。もちろん、スミスの中国論の影響もあったことは否定できないが、私は西洋人と日本人が同時期に、ほとんど同様な中国人像を抱いたことに興味をひかれる。

徳富蘇峰は、「支那には家ありて国なく、支那人には孝ありて忠なし」と断言している。

さすが蘇峰の中国観察は鋭い。中国人の国家意識の薄弱さが、当時一致団結して日清戦争、日露戦争を勝ち抜いてきた日本人のそれとは比べものにならないものであったのは、当たり前であろう。

中国人の実利主義、利己主義に対しては、中国文化を愛した宇野哲人も指摘せざるをえなかった。蘇峰も、高瀬も異口同音に「中国人の打算、利得の念、盛んなり」と説破している。

さらに蘇峰は、中国人の礼儀は「全くの嘘の皮」として「虚偽を露骨ならざらしむるの方便」にすぎないとする。

中国人の文弱性《ぶんじやく》（学芸に耽《ふけ》り、弱々しい性質）については、蘇峰は「支那の古今を通し最も著名なるは文弱の一事に候」とし、男性は女々しく、男らしい者を見出すことは至難だと言っている。

宇野哲人も、桑原隲蔵も内藤湖南《ないとうこなん》も、中国研究者は、口を揃《そろ》えて文弱性を指摘している。

高瀬敏徳は、中国人の泥棒根性、神経遅鈍《ちどん》、憐憫《れんびん》の情の欠如、柔順性、遊情逸楽《ゆうじょういつらく》などを指摘するが、一〇〇年後の現在でもさほど変わらない。

宇野哲人は『支那文明記』の附録「支那国民性論」という一文で、国民性の特徴を、①民主的　②家族主義　③利己的　④迷信　⑤誇張性　⑥付和雷同　⑦社交的　⑧同和作用　⑨保守的　⑩服従心　⑪平和的　⑫社会的　⑬悠長なること、と一三項目にまとめている。

その後、大正期や昭和初期において盛んに説かれた中国人論を渉猟《しょうりょう》しても、やはり当時中国の不潔、実利主義、利己主義、団結心不在、欺瞞《ぎまん》性、巻き上げ……などなど、マイナス的イメージが主流である。

もちろん、西洋人が近代性に遅れた非西洋地域の人々に対するような、オリエンタリズム的差別視点が、日本人の中にも存在したことは否定できないだろう。

しかし、このようにすべて差別だと中国人が一蹴する態度も、きわめて安逸《あんいつ》であり、そこに欠落しているのは自己反省である。

私は、いずれにせよ、理性的かつ冷静な思考で、問題を直視せねばならないと考えている。中国人の間に、西洋人もしくは日本人といった「他者」の目に映った、これらの弱点、「劣根性」は、厳然として存在する。

■中華民国の奇書『妄談瘋話《もうだんふうわ》』に見る既視感

民国時代（一九一二―一九四九）、中国の文壇には、『厚黒学』の著者李宗吾《りそうご》と並んで、有名な奇人がいた。宣永光《せんえいこう》（一八八六―一九六〇）という人物で、号を老宣《ろうせん》とし、河北省《かほく》出身。政界でも活躍し、北京大学でも教鞭を執ったことがある。近年では中国で魯迅と比肩される文筆家として高い評価を受け、注目を集めている。

宣は、中国近現代文壇の「魔筆」「鬼才」と呼ばれ、一九三〇年代に出版した『妄談瘋《もうだんふう》話《わ》』は、たちまちベストセラーとなり、一大センセーションを巻き起こした。

最近、私はその奇書《きしょ》と言われる『妄談瘋話』を再読しながら、たびたびひざを叩いたものだ。

中国人の虚偽、欺瞞性について、宣はこう述べている。

「民国成立二十三年以来、詐欺師ばかり大手を振って闊歩《かっぽ》している。官民は互いにだまし合い、幼も長も、男も女も、上も下も、だまし合い。だまさないと『昇官発財』できないし、立身出世《りっしんしゅっせ》できないし、民国の国民とはいえないほどだ」

「我が国の有名な商店ではにせものを防止するため、よく『假充字号、男盗女娼』（我が社のにせものを作るのは、男盗女娼だ）というまじないを使い、警告を発する」

「現在の社会はきわめて奇妙である。およそもっともらしい大義名分を唱えれば、人々はすぐさま立派な者と見て、実体がいかなるものであるかは斟酌《しんしゃく》しない。だが、娼婦を菩薩《ぼさつ》と言い換えたとしても、娼婦はあくまで娼婦にすぎない」

愛国を口にして私腹を肥やす人について、宣はこう諷刺する。

「常に愛国を口にするものは必ずしも愛国志士ではない。常に愛民を叫ぶものは必ずしも民衆の救世主ではない。常に貞操を口にするものは必ずしも烈女《れつじょ》（節義を貫き通す女性）ではない」

「現在の多数の志士が愛国を口にするのは、国の物を愛しているだけだ。愛民というのは国民の銭を愛しているだけだ」

現在の腐敗しきった政官吏を諷刺したようにもとれる言葉である。

「前アメリカ駐華公使のフランクル・クライオン先生は、中国の学生向けの講演の中で、曰《いわ》く『……たとえ中国を救おうとしなくとも、諸君が誠実で欺瞞を働かず、言行一致して協力しあうならば、中国は自ら強化することができるだろう』。彼の言葉は、まさに中国人の痛いところをついたし、まさに我が中国人の病根を探った」

また、中国人が生命を犬のごとく軽んずる性癖について、宣はこう指摘する。

「昨年の夏の某日、私が、華東門のある小さな食堂で食事をとっていたときのことだ。突然外で車と犬の吠える音が聞こえてきた。『轢《ひ》かれて死んだ』と険のある顔つきの軍人が笑いながら入ってきた。外に出てみると死にかけた犬はまだ車の車輪に轢かれたままだった。すなわち先の軍人たちが凶手《きょうしゅ》であることを悟った。

そこで私はその軍人に言った。『あなたが車を後ろにすこしバックすれば、犬は助かるじゃないか』と。すると、彼は怒髪天をついて『よけいなお世話だよ』と言った。彼がしかたなく車をバックさせたときには、その犬はもはや息がなかった。これは小さな出来事であるが、そこから大きな社会が見えた。いまの内争が絶えない間、この犬よりも劣る死に方をした百姓がどんなに多いことか？」

この光景は、一〇〇年が過ぎた現在も、中国の都市の路上でいつでも起こりうることである。

宣は、中国人の公共道徳心の欠如についても述べる。

「私に大きな苦痛を与えているのは、我が国の大多数の人間が公徳心に欠けていることだ。私がどこの都会に住んでも、住まいの前の道路は清掃夫によってきれいに清掃されていた。しかし、人々はこのきれいな環境を大切にしないし、子供の便所として使う。これに対して、私が数回やめるように言っても彼らは『よけいな口を出すな』と一言でしりぞけるだけであった」

著者は、公衆モラルを守らないさまざまな行為、たとえば「深夜就寝中にも、大きな声で民謡を歌う、路上に家庭のゴミや水をポイ捨てする、上半身裸で大きな声を出す……」などを指摘しながら、「これはまだ些細な事であり、中国のことわざのように『八代を待てば、やっとやさしい隣人に出会う』」と、宣は感慨する。

■まるで一〇〇年後を見据えた予言書

宣は、民国建国（一九一二年）以来二十余年の中国社会、文化、政治、文壇、教育、男女、民族、人生問題を幅広く観察している。

ことに、中国国民性の「劣根性」を容赦なく批判したことについては、魯迅以上である。一〇〇年前の中国を書いていながら、まるで二十一世紀の現在の中国をそのまま活写しているかのようであり、その意味でこの本は、予言書でもある。

現在とそっくりな情景の記述、描写は続々と登場する。

「私が食堂で食事をとろうとすると、いつも隣席のお客さんは、食卓の横で上半身や脚についたちりをはたく。私が食物を口に入れようとしたとたんに、隣席の者は、その場で黄色の痰《たん》を吐く。まわりに広い空間があり、痰壺が置いてあるにもかかわらず、彼らは数歩ほど歩くのもいやがっている。私が苦情を言うと、返ってくる答えはいつも『私はここで金を払っているのだから、おまえはよけいな口をだすな！』である。私が思うに中国民族の道徳の衰退は、すべてはこのような〝口をだすな〟（你管不着）のひとことにあるのだ」

これは、現在の中国でもいたる所で遭遇できる光景であり、最近は、中国の旅行者が世界各地でこうしたトラブルを起こしている。

「我が国の車は、道を走るにも優先権あり、駐車するにも占領権あり……。中国の富裕者は納税を拒む。金の問題ではなく、納税すると面子がなくなると考えるからだ。このような悪習は、中国の地図が変わり、西洋老爷（大人）が根絶してくれるはずだ。嗚呼《ああ》！　中華『民』国よ」

「中国を滅ぼすのは洋鬼子（西洋人の蔑称）ではなく、まさに中国人自身である。しかも中国の下層社会ではなく中国の上層、中層社会である。最たるものが一部の読書識字の階級である官僚と学者だ。彼らは互いに権力闘争に耽り、中国を毀滅《いんめつ》させるだろう」

これは現在の中国の上層支配階級と知識人社会そのものではあるまいか。

「近年来、北平（北京）のお寺で古い柏木が伐採されて盗まれる事件がしばしば発生している。内部の者の犯行だ」

「故宮の国宝を窃盗した犯人は、いまだに租界《そかい》（清、中華民国の外国人居留地）に身を隠し、法の網をのがれて好きに出歩いているのに、犬や鶏を盗んだ者は、刑務所の臭い飯を食っている。これはいかに不公平なことか」

「『言論自由』の四文字は、もっともすぐれた言葉だ。実はこれ、もっとも実現しがたく、人をだます言葉である。しかもこれは我が国の要人たちが権謀奪位《けんぼうだつい》（臨機応変のはかりごとをめぐらせて、位を奪うこと）を企《くわだ》てる看板でもある」

「私は山東《さんとう》、河南《かなん》、湖南《こなん》省等の名山にて、乞食を生業《なりわい》とする者たちとたくさん出会った。彼らはそれぞれ縄張りを持ち、そこに小さい家を建て、一日中路端《みちばた》で香客（参詣者）に叫呼乱喊《きようこらんかん》（叫ぶ）している。乞食は職業化しているばかりでなく、世襲化している」

これぞまさに、現在の中国事情と同一ではないか。中国では大都会でもしばしば職業乞食に遭遇する。二〇一二年八月二十八日付「遼瀋晩報」新聞によれば、上海の地下鉄内で乞食行為が二〇一二年一月から八月の間に九〇〇六回あり、収容された乞食は九六二人に達していた。中には労働能力を備えているにもかかわらず、職業乞金となって、さまざまな欺瞞術策《ぎまんじゅつさく》を用いて、大金を入手している者もいる。上海警察当局が、「乞金ランキング」を発表したが、一秒でなんと一〇〇ドルを手に入れた「神話」もあったそうだ。

■なぜ中国は「進化」しないのか

宣は、近代化に遅れた中国の国民性、社会、政治の原因についても卓抜した知見を披攊《ひれき》している。

「人々はこの二十世紀は進化のスピードがもっとも早い時代だと言う。しかし、私見では、この二十世紀は欺瞞《ぎまん》術のもっとも進化する時代である。以前の詐欺師は個人や社会をだましただけであったが、現代の詐欺師はもっぱら民族、国家（天下）をだましている」

「我が中国がこの二十余年来、国乱民貧に陥ったのも、現在の民衆の生活苦もすべて少数の政治家のせいである。天地の良心にそむいて、人民と社会をだまして、私腹を肥やし、民意を代替する政策をとっているからだ」

中国の官吏気質について、こう指摘する。

「中国の国家全体が悪いのは、小官僚の付和雷同や大官僚のわがままに尽きる。……中国人は官吏になる前まで（あるいは失職したら）は、すべていい人間である。まるで少女が娼館に入る前は貞女であったように」

「『異民族のイジメには我慢できるが、同族の意見を聞き入れない』これが我が国の古来官吏の劣根性である」

「新聞紙上でたびたび『開発民智』（民衆の智恵を開発する）の論調が現われるが、私はとても賛同できない。私見では、我が国で現在もっとも肝要なことは、『開発官智』（役人の智恵を開発する）であるからだ。……民衆が無智ならば、国は必ず強盛化できない。官が無智ならば国は必ず滅亡に傾くのである」

「欧米の官吏は、公務に長《た》けているが、私謀は苦手である。我が中国の官吏は、職責には不器用だが、私腹を肥やすには巧みである」

　中国の専制的システムと国民の「柔順易治」（柔順で統治しやすい）に対して、宣はその因果を指摘する。

「『柔順易治』の四文字から論ずると、中国の百姓は、全世界第一だと言える。百姓の従順さによって貪官を養成しやすい。官官相護（互いにかばいあう）のため、官吏の罪は永遠に根絶できない」

「昔の専制は、単独専制であった。皇帝一人で専制が可能であったからだ。しかし新しい専制は、複数の人間による専制である。権力がある者ならば専制ができてしまうからだ。旧専制下の農民は皇帝の家畜であったが、新専制下の民衆は『要人』たちの傀儡《かいらい》である」

昔の専制システムに対して、現在では形式だけは変わったが、実質は変わっていない。これは現在の中国政治にもそのまま通じるのではないか。

■なぜ日本は「進化」に成功したのか

大変興味深いのは、宣は日本の近代化成功についても研究していた人物で、本の中でたびたび日本との比較論を展開している。宣の中日比較論はきわめてすぐれている。

「もともと中日両国に、格差は少なかった。しかし一方は変法（伝統的な政治制度を全面的に改革すること）によって弱体化し、一方は変法により強大になった。我が中国が日本と相反する結果を得たのは、為政者たちがもっぱら、法を変革することはあっても、自身の心の変革はしなかったからだ。良法のみあって良『心』がなかったら、いかに良好な成績を得られるだろうか」

「日本は本来自前の文化を持たない国であったが、世界の六大強国の仲間入りをしたのは、中国の精神文明を吸収して、自身の筋骨にし、欧米の物質文明を自分の血肉にしたからだ。中国が維新で弱くなり、日本が維新で強くなったのは、日本が他国の長所を学び、中国は他国の短所を学んだからだ」

民俗や官吏、民族の強弱についても、宣は中日を比較して一家言を述べる。

「日本の維新は、中国より進んでいるが、風俗の面では日本は中国より遅れている。日本では現在でも接吻《せっぷん》の映画上映を禁止する。しかし我が国では公衆の面前でも男女が接吻したり抱きしめ合ったりする。日本国民はいまだに、古来の伝統を保有しているが、我が国では、昔の倫理を倒せと提唱している。日本の閣僚は、いまだに電車を利用するが、我が国の官は司長（課長）にでもなれば専用車がないと自分に似つかわしくないと考える。だから日本島民は日々強盛となり、中華民族は日々弱体化しているのだ」

そして、宣は、留学生に対しても独特な発見をしている。

「日本の留学生は、帰国後、その国民性を変えることなく、依然として日本人である。ところが、我が国の留学生は、帰国後国民性を喪失し、外国人に変容してしまう。日本の留学生は、帰国後社会のために奉仕するが、我が国の留学生は、帰国後官界へ入る」

「中国が現在衰退している原因は、外国の美点を吸収できず、加えて中国が元来持っていた美点も失ったからである」

「日本の維新は、自分の足のサイズに合わせて靴を買うが如《ごと》きであるが、我が国の維新は足を削って靴に合わせようとしたかのようである。結果は日本は新しい靴の利益を享受したが、我が国は新しい靴の被害を受けた。私は常に言う。日本人に一つ学ばなければならないことがある。それは彼らの維新の方法だ」

■国民性改造のための良薬

宣は、中国の国民性の劣根性について、四つにまとめる。

「中国の大きな欠点には、私の見たところ以下四つのパターンがある。一、私心太重（自分の利益ばかりを考える心が強すぎる）。二、苟且図存《こうしょずそん》（一時の安逸をむさぼって生き延びようとする）。三、不顧公安（社会の安全、安寧を顧みない）。四、随地吐痰《ずいちとたん》（いたるところで、かまわず痰を吐く）」

宣は、中国人の国民性を改造するためには「誠実」こそが良薬だと指摘する。

「『誠実不欺』この四文字は人生の秘薬である」

「誠・偽・公・私、この四文字は君子と小人を区別する試金石である。君子心誠、小人必偽、君子必公、小人必私」

ここで宣は東洋固有の道徳をもって、中国人の劣根性を根治する方法を示す。

「『精神文明』は根本的で、穏静（不動的）である。『物質文明』は皮相的、流動的である。精神文明の発達こそ、世界の争乱の源を減少させるものだ。物質文明の発達は、ただ世界の紛争を増加させる。精神文明の追求は平和に通じるが、物質文明の追求は虚《むな》しい」

物欲ばかり追求する現代の中国人にもぴったりの金言だ。

「中国を『近代的国家』に変身させるというのは、きわめて容易なことである。しかし実行はきわめて難しい。なぜなら、我が国の人民の八割は、いまだに国民の資格に及ばないばかりでなく、我が国の官吏の九割以上が近代的官吏のレベルに達していないからだ。西洋的建物のみであれば、ただ西洋的享楽しかできないし、これは近代国家とはいえない。我々はこれを認識すべきである」

現在GDPで世界第二位の経済大国になったが、西洋的側面、物質面ばかり進化していて肝腎な国民の資質が退化しては、一〇〇年前と比べても、何ら変わりはない。

宣は、一〇〇年後のために、中国人進化の指針を残してくれたのだ。

■「中国人は全員が利己主義」とした中国人政治学者

王造時《おうぞうじ》（一九〇三―一九七一）は、清華大学卒業後、アメリカ留学をへて博士号を取得したエリート政治学者、歴史学者である。一九三六年、日中戦争直前、抗日運動を行なったことを理由として、国民政府から迫害された「七君子」（沈鈞儒《しんきんじゅ》・章乃器《しょうだいき》・鄒韜奮《すうとうふん》・李《り》公樸《こうぼく》・沙千里《しやせんり》・史良《しりょう》）の一人として有名である。

王は一九二〇年代、三〇年代に雑誌「新月」に論文を発表している。一九二九年夏に発表した論文「中国社会原来如此・又名中国問題的社会背景」で中国の「国民心理」を分析している。

王は、まず「利己心」を冒頭に並べる。一般的に、中国人は万事何ごとも報酬がなければやろうとしない。中国人は皆利己主義であり、個人の栄達と金儲けのため政党に加入し、他人とも提携する。

しかも、こうした自私自利《じしじり》（損得に敏感なさま）の考え方は、血族関係をも壊して、父子をして反目、兄弟にして敵対する事例さえあるほどだ。

自私自利の我欲一点ばりで充満しているので、当然公徳のような精神はまったく欠けていると、王は批判する。

王は、中国人の心理、性格を「虚偽と面子、猜疑《さいぎ》、陰謀」と喝破する。

「口を開けば、人民を愛すると言いながら、苛斂誅求《かれんちゅうきゅう》と専制横暴に走るのが中国の官吏である」

「いたるところに虚偽ばかりである。こうした虚偽の心理の世界において、中国人ほど顕著なものはない」

「面子の問題が中国人の日常行為の一切を支配しているとさえいえる」

「虚偽に伴っているのが猜疑と陰謀だ。誰もが腹黒い人間だから、自然と他人を信用しない」

「今日は血を啜《すす》って同志であることを盟《ちか》っても、翌日は互いに反目して仇敵《きゅうてき》と化しているかもしれない」

「いたるところに権謀術数があり、相互猜疑が偏在する」

王は、中国人の国民心理、性格の形成原因を、自然風土と社会歴史経験にあると述べる。

現在二十一世紀の中国人の自私自利の姿勢、公徳心の欠如は、このような伝統中国の延長線上にある。さらに近代（西洋的）貿易文明を背景に、ますます加速している。

近代化を手に入れたけど、近代的公徳、モラルは依然として高嶺《たかね》の花であるようだ。

■八〇年前に書かれた中国民族「退化」論

張君俊《ちょうくんしゅん》は、民国時代に活躍した民族心理学者である。アメリカ、コロンビア大学に留学後、帰国して大学で教鞭を執っていた。

彼は、著名な社会学者潘光旦《はんこうたん》とともに、中国へ民族・地理心理学や優生学を伝播《でんぱ》した学者として注目されていた。

一九三五年に出版した『中国民族之改造』を通して張は、中国民族性、体質改良を唱えていた。その前、一九二三年には早くも『東方民族改造論』を発表して、人種改良について強調していた。

一九四二年に『民族素質之改造』、一九四四年には『華族素質之検討』などを出版する。張は、中国人の退化の現象を「老化」と「女性化」と断言する。たとえば彼は『中国民族之改造』で次のように述べる。

「中国民族は勇気が足りない。全国の男女はみな一種の虚弱的臆病者であり、男子は十中八九は女性的であるがゆえに勇ましい気概に欠けている」

「北方人は何をしても、何をしゃべっても、大体豪快でさっぱりして、南方人のように細々しく、まわりくどくて、言行不一致ではない。北方人の性格は西洋民族的である」

「南方人は狡猾《こうかつ》で、特に江三浙《こうさんせつ》（江蘇《こうそ》・三浙《さんせつ》一帯）人が代表である。南方人の狡猾さには、その出発点がある。すべての北方人が南方に渡来して、大半は比較的聡明な人であり、最初は北方人の豪快ぶりを持っていたが、環境の変化に合わせて、今のような様相になっていたのだ」

そして、張は、南北中国人の違いをこう語る。

「北方人の保守性と南方人の進取性は、北中国と南中国を根本的に区別する」

この南北の特徴を張は、中国では欠陥になると指摘する。

「およそ偉大な眼光をもつ民族は、いつも保守中進取あり、進取中保守ありである。しかし、中国民族は違う。二つの特性を彼此《ひし》と分けて、合作させないのである」

「北方人の遅鈍」と「南方人の敏捷《びんしょう》」の原因について、張は「北方民族は、歴史的に異民族の攻撃を受け、才智ある人間は南方へ移動し永住してしまった。北方に残留したのは大半遠見性に欠け、冒険心に欠けている人間であった」と分析する。

また「北方には黄河《こうが》の水災があって、毎年多くの人間が南方へ移り住んだが、その人々は聡明で、自然に適応をし、独立生活ができていた者であった」とする。

張の中国人種改造論は大変興味深い。彼は、南方人の北方移動を唱え、甚だしくは、「日本人と通婚し、ことに欧米人と婚姻する」ことを強調している。

張は、一九三〇、四〇年代の日中戦争期に、中国民族の危機を感じたに違いない。彼は、中国人は必ず欠陥がある民族で「面積は日本より三〇倍大きく、人口も日本より八倍も多い中国が小さな日本に脅迫されている」のだから、中国人の退化を人種的改良策として「日本人と通婚」を提唱したのだろう。

実は、中国では現在でも日本人と比較して、中国人の民度、素質が日本人より、はるかに劣っていると認識している中国人も少なくない。私も瀋陽や北京、上海、大連の知人やタクシー運転手からも、日本に比べて、中国は五〇年も八〇年も遅れているから、中国人は日本人に学ぶべきだとの主張をよく耳にした。

■陳天華《ちんてんか》が日本留学中に自殺した本当の理由とは

ここまでくると、私は一九〇五年、日本留学中に東京の大森《おおもり》海岸で入水自殺した、有名な若き革命家陳天華《ちんてんか》を想起せずにはいられない。その自殺の原因は何だったのだろうか。

陳天華（一八七五―一九〇五）は、湖南省新化《しんか》県出身の近代革命家で、孫文らと一緒に同盟会を結成し、清朝打倒と国民国家成立を目指した。一九〇三年、中国近代史上の名作と讃《たた》えられる『猛回頭』『警世鐘』を執筆、一世を風靡《ふうび》し、開明知識人や革命家たちの必読書になった。

陳の人物像について、孫文の盟友であった宮崎滔天《みやざきとうてん》は「亡友録」（『宮崎滔天全集』第二巻）で次のように述べている。自殺直前の一九〇五年十二月六日、宮崎は陳と会っていた。「彼は蛮骨稜々《ばんこつりゆうりゆう》で眼光に力あり、一見してきかぬ気の人である事が分かる」。しかも「謀遊優美の徳が溢《あふ》れるばかりで、何時ともなく、慕《した》はしく恋しく、而《しこう》して忘れがたき感情を惹《ひ》き起こされるのであった」。陳は「高尚優美なる心情を有せる文士的先駆者」だった。

一九〇五から〇六年と言えば、中国の若い知識人たちによる日本留学ブームのピーク期であった。当時日本には東京を中心に、中国留学生が一万人を超えたとされる。陳天華も弘文学院（柔道家嘉納治五郎《かのうじごろう》が中国からの留学生のために牛込《うしごめ》に開いた教育機関）に留学していた。

留学生といえば、当時の中国の知識人であり、エリートであるはずだった。しかし、彼らのさまざまな醜い行為は、日本のマスコミの批判の的にさらされた。たとえば大衆食堂で喧嘩したり、大声で騒いだり、壁に詩や落書きを書いたり、勉学にはげまず売春宿に入り浸ったり……。

日本の文部省は、一九〇五年秋、中国留学生の不良行為に対して「清国留学生取締規則」というものを出した。もちろん清国政府の要請を受けてのこともあろうが、留学生たちは激しく反発した。その渦中《かちゆう》、留学生内部は、二つのグループに分かれて対立した。一つは秋瑾《しゆうきん》と宋教仁《そうきようじん》を首班とするもので、日本政府がこの取り締まりを却下しなければ勉学をボイコットし、帰国すると主張したグループであり、もう一つは、胡漢民《こかんみん》・汪《おう》兆銘《ちょうめい》を代表とする穏健派で帰国に反対したグループであった。当時魯迅は後者の支持者であった。陳天華は冷静さを保ち、「取締規則」は留学生の自由を剝奪《はくだつ》したものの、その内容は実情に符合するものと認めていた。

十二月七日、「朝日新聞」がこの学生の内紛を取り上げて「清国人の特有の放縦《ほうじゅう》卑劣《ひれつ》」と批判した。陳はこれを読んで終日部屋で書き物をしたのだ。

そして、翌日の八日、大森海岸に入り自殺した。問題は、この自殺の理由である。いままでの中国の教科書では、日本政府、日本帝国主義の「留学生取締規則」に対して憤激した末の抗議の自殺としている。

しかし、陳天華が残した「絶命書」(遺書)を読むと、むしろ理由は別のところにあった。いまその絶命書を引用してみよう。日本語訳は陳舜臣《ちんしゅんしん》『中国の歴史』(平凡社・第一四巻一八二頁)。

――(文部省取締令の反対について)幸いに各校の心を同じうするもの八千余人、謀《はか》らずして合《がっ》(一致)す。此れ誠に鄙人《ひじん》(私)の予料《よりょう》の外に出、且つ驚き且つ懼《おそ》れた。驚いたのは何か? 吾が同人が果して此の団体を有《も》てたかと驚いたのである。懼れたのは何か？　持久できないのではないかと懼れたのである。然るに日本の各報は、詆《そし》って烏合《うごう》の衆とした。或いは嘲《あざけ》り、或は啐《すい》し、言喩《けんゆ》できないほどである。朝日新聞等の如きは、直《あからさま》に詆って放縦卑劣とし、其の我《われ》を軽んずること余地を遺《のこ》さぬほどだった。夫れ此《そ》の四字（放縦卑劣）をして、これを我に加えて当たらないのであれば、斯《こ》れ亦《ま》た計較《けいかく》（言い争うこと）するに足りない。若し或いは万一の似るものが有るならば、真《まこと》に磨《みが》くことのできない玷《きず》であろう。近来、一問題が発生するに遇《あ》う毎《たび》に、群起して譟《さわ》ぎ、此れは中国存亡の問題であると曰《い》う。顧《かえりみ》るに問題なるものに何の存亡の分《ぶん》（決めること）が有るのだろうか。我が自《みずか》ら亡《ほろ》びるのでなければ、人は孰《だれ》が我を亡ぼしうるものか。

　惟《た》だ留学生が皆な放縦《ほうじゆう》卑劣《ひれつ》であれば、則ち中国は真に亡びる。豈《あ》に特《ただ》に亡国のみであろうか。二十世紀の後は、放縦卑劣の人種が有って、世に存することができようか。鄙人《ひじん》は此の言を心痛し、我が同胞がつねに此の語を忘れず、力《つと》めて此の四字を除き、此の四字の反対――「堅忍奉公、力学愛国」を做《な》して欲しいとおもう。同胞に聴《き》かれないこと、或いは之を忘れることを恐れる故に、身を以て東海に投げ、諸君の紀念とする。諸君にして鄙人に念《おも》い及ぶなら、則ち鄙人の今日言った所を忘れないでもらいたい。

遺書の中には、日本人への反発、批判は見あたらない。むしろ中国同胞への批判の矛《ほこ》を投げている。

「近頃、一つの問題が発生すると、そのたびに、みな一斉にさわぎ、これは中国存亡の問題であるという。そこに何の存亡の決めることがあるだろうか」

陳は「我々自身で自己滅亡することであって、決して他者が我々を滅亡させるものではない」と断じた上で、「ただ留学生がみな放縦《ほうじゅう》卑劣《ひれつ》であるならば、即ち中国は真に滅亡する。亡国のみでなく二十世紀以後は放縦卑劣な人種は世界に存在するのも難しい」と警鐘を鳴らしている。

陳は、中国史上、はじめて自己民族の醜い国民性（劣根性）のために自害した人物である。他民族の侵略や不正義に反抗して自殺した中国人は多いが、自民族の劣根性に覚醒して、命を自ら絶った人物は陳天華を除いてはいない。

中国人の「放縦卑劣」たる国民性に対して、彼は、「小生は、心にこの言葉を悲しみ、わが同胞が一刻もこの言葉を忘れることなく、この四文字を除き去る努力をして、この四文字の反対を為し、堅忍奉公《けんにんほうこう》・勉学して愛国してほしい」と切なる念願を込めて貴い命を捨てたのだ。

一〇〇年後の中国同胞の進化を夢見ながら、彼は一歩一歩大森の海に「韜海《とうかい》」（身を隠す）しただろう。

しかし、一〇〇年後の現在、中国人は陳天華が切望した「放縦卑劣」たる劣根性を完治させたのだろうか。陳天華の死をなんとしても無駄にしたくないものだ。

■国際的に悪名高い中国人の醜い習慣

一〇〇年前、三〇歳の革命家陳天華を悲憤慷慨《こうがい》させた中国人の「放縦卑劣」たる「劣根性」は、はたして根絶されたのだろうか。

答えは断然NOである。部分的には良くなった面もあるとは思うが、基本的に大部分は根絶されず、「発揚光大」している。

ここでは、中国人の世界的に有名なみすぼらしい陋習《ろうしゅう》について見ることにしよう。陋習というのは不良的非衛生的習慣とモラル的低水準を反映するアグリーな行為だ。

衛生面で見ると、現在中国人のうち六億人が歯磨きをしないという近年の統計がある。あまりシャワーも浴びない。公共場所で鼻をほじる、鼻水をかむ、食前に手を洗わない、リンゴ、トマトなどを水洗いせずに衣類でさっと拭いて食べる。とくに農村ではトイレの後ペーパーを用いず木や農作物の葉っぱで拭いたりする。

また、いつでもどこでもゴミを捨てる。公共場所で公然と痰を吐くのは国際的にも有名な中国人の悪習である。

梁啓超は、『新大陸游記』（一九〇四年）の中でこう揶揄《やゆ》している。

「一〇〇人以上の中国人が一堂に集まると、必ず四つの音がする。もっとも多いのが咳《せき》の音、次があくびの音、くしゃみの音、最後が鼻水をかむ音である……」

中国では古来より、この四つの音は一種の悠久《ゆうきゆう》たる中華の伝統として延々と受け継がれてきたようだ。何しろ、「唾面自乾《だめんじけん》」の美徳もあるし、東晋《とうしん》（三一七―四二〇）の貴族荷朗《かろう》という人物は、口中の痰を召使の小児の口に、吐いたといわれる。荷朗は、これを「肉唾壺《にくつばつぼ》」と称して自慢したようだ。

一九二九年、中国国民性論ですぐれた著作『支那人―地理学的心理』を著した人文地理学者ジャン・ロードは、同著の中で一九二〇年代の中国人について次のように指摘する。

「上流の支那人は、外國人の中に住んで文明人のすべからざる事と悟ってゐる者を除いては、鼻をかみ、痰を吐くに厭《いと》ふべき癖を持ってゐる。これは支那町のどこでも聞ゆる音楽であり、ために地面は脂ぎっている。

かゝる徹底的なる不潔は全く思ひがけない所に於いてでも見られる。大總統袁世凱《だいそうとうえんせいがい》に北京宮城内にて謁見《えつけん》したる折、平常通らぬ裏の方には塵屑《ごみくず》が山積し、尿水が流れをなしてゐるのを見た。大總統の長子を訪ねたことがあるが、彼の白絹の着物は襟《えり》が酷《ひど》くよごれ、彼の椅子の覆《おお》ひには頭の後の場所と、腕を置く場所とに脂じんだしみがついてゐた。病弱の故にかまわなかったのだとは解せられない」

そして、中国人の不潔さについて、こう述べる。

「此《こ》の快適軽視は極端に走って不潔にまで至ってゐる。上流貴紳の者の用ふる食器と雖《いえど》も時に其の不潔驚くに堪へぬものがある。相富な人でありながら外國人が手も触れないような御馳走《ごちそう》を貪《むさぼ》り食ひ、剰《あまつさ》へ、氣品なく謹《つつし》みなきこと餓鬼《がき》の如くである。顕《けん》官の者を招いて卓を共にしたるに、彼らの健啖貪食は西洋風な節度に慣れた支那人ボーイさへ蔑すみの眼を以て見るくらゐである」（出典／大谷孝太郎『現代支那人精神構造の研究』）

■自分たちの「劣根性」を地球の終末日まで保存する気か

中国人の陋習、劣根性に対する外国人観察者の厳しい指摘は枚挙に遑《いとま》がないし、かつ客観的である。

大著『中国』で知られる中国学研究者S・W・ウィリアムスは、その著書の中で中国人の性格の道徳的特徴を次のように見抜いている。

まず①品行が悪い。「不劣不浄なる国民として、彼らの間では残忍と粗野とが作法である」。②虚偽の言動をなす。深き理由もなしに虚言を吐き、虚言が発覚しても謝らない。③盗癖を有する者が多い。お互いにこのようであるが故に、自ら猜疑心を深めている。④吝嗇《りんしょく》家であり守銭奴である。⑤慇懃《いんぎん》なところもあるけれど、心から発するものは稀《まれ》であって、本心は粗暴残忍である。

私は、西洋人や日本人による一〇〇年前後の中国人論を広く調べた結果、この虚言、盗癖、不誠実、不潔などは、定番の項目として登場することが分かった。

中国在駐の英国領事であったE・H・パーカーは、その著『支那論』の中で、中国人の民族的特性を次のように述べる。

①中国人は、一般に嘘吐きである。②中国人は盗癖がある。③中国人は不潔である。④中国人は恩知らずだ。⑤中国人の礼儀は実がない。⑥中国人に残忍性があるという説は認めざるをえない。⑦商業上信用は時には間違っても、なかなか信用がある。⑧中国人は子供を大事にしない。⑨中国人は好色で性淫である。⑩飲食の節制において中国人は欧米人に優っている。⑪勤勉は中国人の最高の徳である。⑫中国人は器用である。

中国の実体験に基づいたパーカーの中国人論は、なるほどと肯定できる部分が相当あった。とくに中国人の欠点は、一〇〇年後の現在人にもそっくり存在するのは疑う余地もない。

盗癖、虚言、不潔、喧嘩好き、公共ルールの無視……さまざまな中国人の陋習、悪癖は、私が思うにすでに数千年のＤＮＡとして中国人同胞の体内に流れている要素ではないか。「中国人の血管に流れているのは、おそらく汚い公徳無視の固陋《ころう》な観念であろう」と言いたいぐらいだ。一〇〇年前に比べて、さほど改善の跡は見あたらない。

■海外旅行に見る中国人の素寒貧《すかんぴん》な様子

私は、国際空港の出発ロビーで、一目で中国人同胞を見分ける自信がある。その的中率はおよそ九九％に達する。

日本人の友人はなぜすぐ区別できるかと驚くのだが、別に大した秘訣《ひけつ》があるわけでもない。よくできて、美味《おい》しいリンゴは外形で分かるように、人間の顔、表情や身なりには、その人の人格、教養の程度が現われているのである。

近年、中国人の富裕層や、少々金銭面で余裕がある一般人の間で、海外に旅行する人の数が増えている。二〇〇〇年、中国人の出国人数は一〇四七万人であったが、二〇一二年には八三一八万人と激増している（「人民网」ネット、二〇一三年三月九日発表）。

開放政策によって、中国人が世界に出て見識を広め、異文化を体験するのは大いに歓迎すべきことだが、問題はそれとともに、中国人の陋習悪癖までもがそのまま海外に持ち運ばれ、さまざまなトラブル源になっていることだ。

旅行先の国々では、もちろん「醜い中国人」というイメージ的偏見は多少あるにしても、やはり、責任は当の中国人自身の中にある。

私が、先ほど「自慢」していた中国人一目識別法は、ほかでもなく、中国人の顔や身なりである。まず顔立ちは別にして、表情が大体きつく、険しい。他人、ことに外国人に対する目線が友愛（善良で仲よしの愛情など）的であるより、警戒的できびしいものが多い。また官吏や知識人（海外経験のある者）を除いて、服装は整っていないし、汚れているのが多い。男性は大体シャンプーをしていないため、くせ毛が立っているし、鼻毛もよくみえる。女性は目つきがきついし、化粧にセンスが欠けている感じを与える。鼻の下のウブ毛なども未処理にしていて、男のひげのように濃い人も相当いる。

中国人の旅行者は、すべて荷物が外国人より倍以上多いのが特徴的だ。昨年中国の瀋陽国際空港で出会った中国人は、中国製のラーメン、焼き鳥、果物、ソーセージ、キュウリ、ザーサイ、梨など食べ物をトランクに入れていたし、中国産のトイレットペーパーも多数入れていた。

重量超過で、空港の係員の指示でトランクを開けたので、私は中身を拝見することができた。

およそ、中国の多数の旅行者は、金は持っていても、公共モラルには無知で、数人で喧嘩するがごとく、大声で叫んだり、会話を交わしているのが普通である。

そして、外国に入っては、路上でも大きな荷物を持って、横に並んで通行し、交通ルールを無視し、横断歩道を好き勝手に渡る。

ホテルの室内でもシーツで靴をみがいたり、痰を吐いたり、タオルなどを勝手に持ち帰る盗癖を発揮する。

そして、現地市民から苦情がきても、非を絶対認めないし、謝罪しないのが一般的である。他者に対する迷惑という意識、公共概念がないからだ。

『中国人の海外旅行中の陋習悪癖』というタイトルで一冊の分厚い本も書けそうだが、この辺で止めよう。

■「中国公民出国（出境）観光文明行為指南」は発布したものの

ところが、いまになって分かったことだが、実は二〇〇六年十月二日、中国の中央文明辦《へん》（国民の精神、文化面を向上させる機関）と国家旅游（行）局観行局が、ある公文（規約）を公布していた。

国内および海外旅行における中国人の陋習悪癖に対する注意事項であった。

「中国公民出国（出境）観光文明行為指南」と「中国公民国内旅游文明行為公約」である。

まず前者を全文原文どおり引用する。

中國公民、出境旅遊、注重禮儀、保持尊嚴
講究衛生、愛護環境、衣著得體、請勿喧嘩
尊老愛幼、助人為楽、女士優先、禮貌謙譲
出行瓣事、尊守時間、排隊有序、不越黄線
文明住宿、不損用品、安静用餐、請勿浪費
健康娯楽、有益身心、賭博色情、堅決拒絶
参観遊覧、尊守規定、習俗禁忌、切勿冒犯
遇有疑難、咨詢領館、文明出行、一路平安

四文字熟語の形で表現しているので、日本語訳しなくても、大体お分かりだろうが、出国時、中国公民に礼儀、尊厳、清潔、衣冠、公衆秩序遵守などを指導している。

後者は、八項目にわたって、中国公民の遵守すべき公約を明示している。

一、維護環境衛生。不随地吐痰和口香糖、不亂扔廃棄物、不在禁煙場所吸煙。
二、尊守公共秩序。不喧嘩吵鬧、排隊尊守秩序、不並行擋道、不在公衆場所高聲交談。
三、保護生態環境。不踩踏緑地、不摘折花木和果實、不追捉、投打、亂喂動物。
四、保護文物古跡。不在文物古跡上塗刻、不攀爬觸摸文物、拍照攝像尊守規定。
五、愛惜公共施設。不汚損客房用品、不損壊公用施設、不貪佔小便宜、節約用水用電、用餐不浪費。
六、尊重別人權利。不強行和外賓合影、不對著別人打噴嚔、不長期佔用公共施設、尊重服務人員的労動、尊重各民族宗教習俗。
七、講究以禮待人。衣著整潔得體、不在公共場所袒胸赤膊、禮譲老幼病残、禮譲女士、不講粗話。
八、提倡健康娯楽。低制封建迷信活動、拒絶黄、賭、毒。

最初の項目が、衛生で、いたる所で痰を吐くことや、ゴミのポイ捨てに対する指示である。次に公共秩序、環境保護、名勝、文化財、古跡保護、公共施設を大切にすること、他人の人権を尊重し、礼儀を重んじること、公共の場で上半身裸になること、罵倒語の使用、迷惑行為、賭博《とばく》、売買春行為などの禁止に言及している。

これらの内容は、日本でいえば明治、大正初期、小中学校の「修身」教科書に登場するものだが、中国ではいまだに明記しておかなければならないほどだ。

これでわかるように、中国ではいまだに、上記の内容の陋習悪癖が普遍的に存在していて、その根絶は政治的改革より至難のわざである。

■中国人はこの一〇〇年間同じことをしている

この一〇〇年、変わらないことを示すエピソードがある。順番に挙げてみよう。

一、一八九〇年代「中国人が水に溺《おぼ》れている人を見かけても、傍観《ぼうかん》するばかりで助けようとしないことは、中国に滞在するすべての外国人を驚かせる。数年前、ある外国の汽船が長江《ちょうこう》で火災を起こしたとき、中国人は群れをなして見物しただけで、水に落ちた旅客や船員を救助しようとしなかった。それどころか遭難者が江岸に辿《たど》りつくやいなや、着ていた服をはぎ取ったり、あるいは殺したりした」（『支那人気質』一八九四年刊）

二、一九一〇年代「あるアメリカ人領事が目撃した話である。任地の揚子江（長江）上流でのことだ。西洋人には信じられないことだが、中国人には、たいした事件ではないそうである。豚と中国人を満載したサンパン（平底の木造船）が岸近くで波に呑《の》まれ転覆し、豚も人も川に投げ出された。岸で見ていた者は、直ちに現場に漕《こ》ぎ出し、我先に豚を引き上げた。

船に泳ぎ着いた人間は、頭をかち割って殺し、天の恵みとばかり新鮮な豚肉を手にして、意気揚々《いきようよう》と引き揚げた。後は何事もなかったかのようにいつもの暮らしが続いたという」（ラルフ・タウンゼント『暗国大陸　中国の真実』田中秀雄、先田賢紀智訳）

三、一九三〇年代「支那の話にこのような話がある。水に溺れて溺死《できし》直前の人間が、水を飲み込みながら手の指を二本出すと、水面の上で船に乗った人間が指を三本出す。『三元出せば助けてやる』『二元にまけてくれ』という意味だ。今日でもこれに類似した実例はいくらでもある。わたしもやはり、いくら支那人といっても、まさかそこまでは、と考える人間の一人であるが、実際に上海の海岸で、水に溺れた人の周辺に集まった丸木舟の船上と溺れている人との間で救助料を談判するのをしばしば見るに及んで……日露戦争のとき、法庫門（地名）で、ある百姓が腰に金を巻きつけて逃亡し井戸に落ちた。ほかの百姓が『五十元出せば助けてやろう』と談判したが、とうとう交渉が成立せずに哀れにも溺れ死んでしまったという逸話が伝えられている」（笠井《かさい》孝《たかし》『裏から見た支那民族性』一九三五年刊）

四、一九九〇年代「一九九三年七月三十日、四川《しせん》省の、ある労働者の高校生になる息子が同級生と一緒に川で水泳していたときのことだ。彼は不注意で水の深い水域に入ってしまい、助けをもとめていた。しかし岸で数十人集まり見物していた群衆はみな拱《きょう》手《しゅ》傍観していた。

ある男が五〇〇元を出せば救助すると言ったが、同級生たちが手持ちの現金を合わせても要求した額には及ばなかった。それで男は救助をとりやめた。大学入学を目前にした青年はこのようにして、命を落とした」（申平華《しんへいか》『再造中国人』一九九六年刊）

五、二〇一〇年代「『外国美女が西湖《さいこ》にて、中国人溺水者を救助する。中国人の拱手傍観と撮影を批判』というタイトルのニュースが二〇一一年十月三十一日、中国の代表的サイト『中国网』に登場し、センセーションを巻き起こした。

十月十三日午前、ある若い女性が西湖で溺れかかっていたところ、多くの見物人が集まってきたが、誰一人救助しようとしなかった。そこへ突然、ある外国人女性が勇敢にも湖に入ってその少女を救助した。

この外国人女性（マリアという名の南米ウルグアイからの旅行者）が岸に上がると七、八人の中国人たちがその姿をカメラで撮影することに熱中していた。これにはマリアも唖然《あぜん》とし憤《いきどお》りを感じて叫んだ。『やめて、これはファッションモデル発表会じゃないよ。人が死にかけているのに、助けようともせずに、悠然《ゆうぜん》と撮影するなんて』」

これら一〇〇年間前後の同一モチーフのエピソードから、一言で言えば中国人の公徳心欠如は、少しも変わっていないことが分かる。事実はあらゆる雄弁に勝るものだ。

中国人の国民性は一〇〇年どころか四〇〇〇年間も変わっていない。前出のラルフ・タウンゼント（一九〇〇―一九七五）は、アメリカ出身の新聞記者、外交官で、一九三一年上海副領事として中国に三年間滞在し、中国人の国民性、社会的真実をえぐり出したすぐれた人物である。

彼はこのような言葉を残している。

「中国人は生存競争なら誰にも負けない才能を持っている。中国関係の古い記録を見ても、中国人の性格は昔からそれほど変わっていないことが分かる。また四〇〇〇年前の中国人が書いた記録を見ても、残念ながら同じ結論となる。必要に応じて順応はしてきたが、同時に他民族とは異なる、中国人特有の抜き難い特性は変わることはなかった」（前掲書）

この指摘は、いまだに通用すると言わざるをえない。

第三章

舌尖《ぜつせん》の中国と尻下の中国

■中国人の「食民性」を象徴したヒット番組

二〇一二年五月、中国中央テレビ局（CCTV）で放映された連続ドキュメンタリー『舌尖上的中国』は、空前のヒットを記録し、一大センセーションを巻き起こした。〝舌尖上的中国〟とは「舌尖《ぜっせん》（舌の先）で味わえる中国」という意味で、中国各地、各民族の美食を紹介した記録映画であった。

その年の夏、講演で中国へ行ったら、友人たちに中国食文化の偉大さを知るために、この番組を一度見るべきだと、しきりに勧められた。

その後、YouTubeで実際に見る機会を得た。雲南《うんなん》シャングリラの松原の中で採った松茸、浙江省遂昌《すいしよう》県の冬の竹の子、陝西《せんせい》省北部の黄饃饃《もも》（饅頭）、貴州省黎年《れいねん》の米粉（ビーフン、米の粉で春雨のように作った食品）、安徽省南部の毛豆腐、紹興《しようこう》の黄酒、台湾の烏魚子（からすみ）などなど。食材の豊かさ、食べ方の多彩さは、大陸生まれの私も感心させられた。「ダイエットをしている人には、この番組は一種の苦痛だ」とする評もあるくらいであった。

私も、感動し、つい映像に紹介された美食の数々を食べてみたいという衝動に駆られてしまった。

以来、私はなぜ『舌尖上的中国』がこれほど中国国民の間で大ヒットしたかを考えるようになった。

垂涎《すいぜん》の的である中国の美食の裏には、その美食にこだわる国民の文化伝統やＤＮＡが刷り込まれているのだ。中国の国民性として、食べることへの執着がある。食べるものを人生そのものとする「民以食為天」のすさまじい「食民性」。

もちろん「食民性」という言葉は、私の造語だ。世界の国民の中でも中国民族ほど食べることに全身全霊を傾注する民族はいるだろうか。

この番組が大ヒットした理由は、何といっても食べることを、人生の最高価値とする中国人の「食民性」の表われであったからである。

もしも、このドキュメンタリーが宗教や、音楽、美術などの内容であったら、このようにヒットはしなかったはずだ。「温飽《おんぽう》」（衣服を暖かく着て、食物を十分に食べること）が中国人の理想、人生最大の目標であったため、これが中国億万大衆の興味を引きつけたのだ。

中国人を理解するには、この「食民性」が一つのポイントにもなると私は常々考えている。実利、満腹主義、すなわち信仰や精神的高次文化より、目前の現世的物欲を重んじる中国人のこの「食民性」を認識しなければ中国および中国人の理解は無理である。

■舌尖上のもう一つの中国

『舌尖上的中国』放映以来、中国では「舌尖的○○○」という表現が、マスメディア、インターネットサイト、ツイッターなどで急速に広がっている。

「舌尖で味わえる何々」という流行語とともに、中国人の生活様式、考え方、文化や制度そのものに対する反省も見られる。美食文化は素晴らしいけれど、そればかりに耽溺《たんでき》する享楽主義、浪費癖に対する批判も少なくない。

なるほど、私は、このドキュメンタリーを見てからその裏にある「もう一つの中国」を発見したような気がした。それは、「奢侈《しゃし》、享楽、腐敗」の中国像だ。

大体、欧米や日本のような先進国では、美食に対する追求はある程度あるものの、中国人のように美食にこだわりすぎることが、奢侈、腐敗につながる現象は、食べることにおいてきわめて稀である。

中国では「舌尖の美味」あれば「舌尖の浪費」あり、ということだ。飲食の統計を挙げればびっくり仰天する。中国では毎年食卓で浪費する食物は二〇〇〇億元に達しているし、食べ残しの食物がゴミとして捨てられる量は、二億人分の食糧に相当する（Gov.com二〇一三年一月三十一日）。

最近の中国農業大学の調査データによれば「大中小三種の全国都市の二七〇〇世帯の食卓に対して調査分析したところ、固く見積もっても、全国で毎年飲食に浪費する蛋白質《たんぱくしつ》と脂肪の量だけで八〇〇トンと三〇〇トンに及んでいる。これは全国二億人の一年分の食糧に相当する」（中国新聞、中国网、二〇一三年一月二十四日）。

贅沢《ぜいたく》きわまりない中国人の食は、世界一の美食を作りあげたのみでなく、世界一奢侈的享楽主義の醜い食習慣を育成した。二十余年間、日本のシンプルな和食に慣れていた私は、中国へ一時帰国するたびに、その食卓の贅沢さにあらためて唖然《あぜん》とすることが多い。

ハーバード大学の中国研究者ロス・テリルは、中国を三カ月間訪問したあと、その中国式の贅沢づくしの食に満悦して「中国では、地球上のあらゆる料理に必ず出会うことができる」と感嘆していたほどだ。

贅沢きわまりない食物の浪費は、大部分が個人の費用よりも、公金によるものだ。公金を無制限に消費してこそ、中国的食の浪費が可能になる。

少し古いが、一九九〇年代、毎年中国で公金による飲食の出費は八〇〇億元に上り、一九九二年一月だけでも全国の公金による飲食、旅行代は一〇〇〇億元に達したといわれる。しかもこれが毎年二〇％のスピードで増加しているそうだ（申平華『再造中国人』）。二〇〇〇年代の公金浪費は、毎年三〇〇〇億元を超えているという（中新网社区）。

毎年公金で飲み食いされた費用で、オリンピックが二回開催できると中国の知識人は言う。

かつて、京都大学の東洋史学の世界的大家であった宮崎市定《みやざきいちさだ》は「文明人は贅沢になると弱くなり」「とくに一民族が奢侈になると奢侈でない民族のため圧迫をこうむる」とし、「奢侈はなるべく避けたほうがいい」と指摘している。また「奢侈によって他から孤立するようになると滅亡する」と警鐘を鳴らしていた（『中国に学ぶ』）。

中国にも「前賢の国と家を見れば、倹約で成功し、奢侈で敗亡する」という古い教訓もあるのだが、現在の中国の官民は、すっかり忘れてしまったようである。

■「毒食」に食われるという脅威

私には、中国が奢侈により滅びるかは分からない。しかし、近年の中国を見ると、政治制度や奢侈、腐敗よりも、「舌尖上の毒食」のほうが数百倍、中国人の健康や智力および生命自体の脅威だと思っている。

もちろん、とびきりの美食を美画面で制作した中央テレビ局の『舌尖上的中国』は、毒食についてはまったく触れていない。わざと回避していると思われる。

事実、現在中国では、いかに食べるかという美食ではなく、むしろ何を食べればよいか、という生存に密接に関わることのほうが深刻な問題だ。中国の知識人たちも、これについてはずっと異議を申し立てていた。

『舌尖上的中国』の大ヒットにもNOという論調が少なくなかった。南薛《なんせつ》という知識人は、こう指摘する。

「舌尖上には実は二つの中国がある。一つは美食の中国で、もう一つは毒食の中国である。われわれの舌尖上にもう一つの中国が存在するのは、疑問の余地がない。つまり食の安全の問題だ。これは、古い問題であると同時にまた新しい問題でもある……。もう一つの舌尖上の中国は、欺瞞と不潔に満ちている。これはまさに、有害添加剤、地溝油《ちこうゆ》（工場などの排水溝や下水溝に溜まったクリーム状の油を濾過《ろか》し、精製した食用油のこと）、増白粉、瘦肉精《そうにくせい》（塩酸クレンブテロール）、残留農薬、蛍光粉《けいこうふん》、トランス脂肪酸（Trans fats）で構成されている」（天涯論壇）

近年、中国の「毒食」は、もはや世界中に知られている。中国にも当然一〇七〇項目に及ぶ食品安全基準と一一六四項目に至る食品業安全要望事項がある。しかし、李克強《りこくきょう》首相が認めたように「中国は食品安全課題上で依然として大きな問題に直面している」（BBC中文网、二〇一二年七月十四日）。

中国は、利己主義、個人主義的国民性の故に、政策や公約を好き勝手に無視する傾向が強い。他の発展途上国のように、食品に意図せずして有毒の化学薬品を混入させたのではなく、製造者や企業が利益追求のため、わざと有毒元素を注入するのである。

これは、やはり中国の国民性の劣根性、民度の低劣さを物語っている。

二〇一一年のこと、中国のある大学で「日中韓比較文化論」の講演終了後、「日韓と比べてなぜ中国では、有毒食品が蔓延《まんえん》しているか」という質問に、私は「やはり、制度上の不備もあるけれど、物作りの人間の心性に問題がある。そこから原因を探るべきだ」と答えた。

そしてこう言った。

「制度や国家的措置では、一時的効果があるかもしれないが、根絶するには、国民の劣根性を根絶すべきだ」と。満場の拍手喝采《かっさい》を博したが、大学生たちも国民性、民度の重大さをよく知っているはずだ。

■「子供を救え……」

ここでもう一度、小学生当時の私の息子に登場してもらおう。

二〇〇九年夏、中国で長い夏休みを体験した彼は、こう疑問を投げかけた。

「パパ、日本の子供と比べて、中国の子供は体がやたらに大きいしデブが多い。なぜ子供なのにデブになれるの？」と。

私も、一瞬首を傾《かし》げた。

「どうしてだろう。食べ物の過剰摂取かな」

彼は、自分と同年輩の小学生に対して関心が大きかったので、このようなささやかな

「日中子供身体比較論」の「発見」をしたのだろう。

そこで、あらためて町で中国の子供の様子を眺めていると、やはり息子が言ったとおり肥満の子が多かった。「中国児童の栄養と健康促進会」の発表によると、中国の肥満児童は一二〇〇万人を超え、世界で一億五五〇〇万人の平均体重を超えた児童のうち、一三人に一人が中国の児童であるという。

最近私は中国の子供の肥満に関する報告書、資料を読んで驚いた。なぜなら、中国では食品や果物などに促成生長させる膨張剤、促成剤など有毒化学元素をたっぷり混用しているため、子供が日常的に食用して、肥満症とともに、小児糖尿病や女の子の生理が早まるなどの異状な症状が多発している。中国の子供は生まれながらに日常的にこれほどの猛毒に囲まれているのだ。

一方、『中国児童栄養と健康報告』（二〇一二年）によれば、もう一つの中国の子供像が呈示されている。

栄養過剰の都会の子供と比べ、中国の貧困地区の農村の児童は慢性的に「栄養失調」に苦しんでいる。半分近い子供は毎日三食の保証もなく、四七・六％の農村の児童は毎日二食しか食べていない。中でも六六・四％の子供は朝食抜き、三五％の子供は毎日一種のおかずしか食べていなかった。主にジャガイモ、白菜と大根であり、多数はザーサイ、唐辛子のミソ、甚だしくはごはんに塩をまぜて食べる。そして貧困の故に学ぶ機会を自ら放棄する。

これらの貧困地区の子供が舌尖で味わうのは、塩辛さや辛さのみであった。

GDP世界第二位の経済大国が、このような「栄養失調」に苦しんでいることは、まさに「世紀のブラックジョーク」だ。

栄養過多、猛毒食品、栄養失調――。片や欧米や日本に負けない都会の子供と日本の敗戦当時のような極貧の子供たち。IQも、身体能力も低下する一方である子供たち。

文豪魯迅がほぼ一〇〇年前に『狂人日記』で叫んだ「子供を救え……」という吶喊《とっかん》（ときの声）を、いまだに、中国では叫び続けないといけないのか。

「人を食う」中国のDNAは、いまだ中国の多くの子供を食うという悲劇を繰りひろげつづけているのだ。ここには、何の進化も見あたらない。

■魯迅が批判した「食人」の真相は何か

中国人に広く知られる魯迅の名作小説『狂人日記』の中で、中国の食人＝儒教イデオロギーを鋭く批判している。ところが、中国のすべての魯迅研究者は、魯迅の「食人」は、「人が人を食う中国の儒教的暗部」を象徴的に表現したとしか理解しない。

実際私が、中、高校のときでもそう教えられてきた。しかし魯迅の「食人」はイデオロギーの暗部と、実際中国で伝統的に行なわれてきた、「食人の伝統」について二重の批判を狙っていたのである。

魯迅の研究家で知られる東京大学の藤井省三《ふじいしょうぞう》教授の論考によれば、魯迅が『狂人日記』を執筆した直接のきっかけは、執筆直前の一九一八年五月に読んだ新聞記事にあったそうだ。

北京の新聞「晨鍾報《しんしょうほう》」（のち「晨報《しんほう》」と改称）は、一九一八年五月、立て続けに精神科病院や人肉食に関する記事を掲載した。たとえば、五月一日「瘋人院将遷移（精神科病院の移転予定）」や「療婦食子奇聞（狂婦が子を食べる奇怪なニュース）」などである。

五月十九日には「孝子割股療親（親孝行な子が股の肉を割いて親の病を治す）」、五月二十六日「賢婦割肉奉姑（賢い嫁がわが肉を割いて姑に食べさせた）」、「賢婦割臂療夫（良妻が臂肉《ひじ》を割いて夫の病を治す）」といった記事が登場した。

これをマスメディアが礼讃するショッキングな光景を目の当たりにして、魯迅は『狂人日記』を書いたのではないかと藤井教授は分析する。

まぎれもなく、魯迅は、中国の食人の歴史について誰よりもよく知っていた。さらに、魯迅は、一九二七年に発表した『墳』（竹内実訳）の中で次のように喝破する。

「いわゆる中国文明たるものは、富裕者のみのために設けられた人肉の宴である。中国という国は、この人肉の宴席のために準備した厨房にすぎない。こうして大小無数の人肉宴席が文明の発祥以来ずっと現在まで続いていた。人々は、この宴会場で人を食べ、あるいは食べられたりする」

続いて、魯迅は「これらの人食いどもを掃討し、宴席をひっくり返し、厨房を打ち壊すことこそが、青年たちの使命である」と指摘する。

中国史のいたるところで目にすることができる「吃人《きつじん》」（食人）の慣習こそ、中国民族の醜悪きわまる精神構造の象徴であることを、魯迅はすでに見抜いていたのである。

■「食人」は中国美食文化の一つである

魯迅の同年代を生きた外国人の眼にも、中国人の「吃人」陋習はもれなく捉えられている。優れた人文地理学者ジャン・ロードは、一九二九年の名著『支那人―地理学的心理』で、中国人の人肉嗜食《ししょく》（カニバリズム）についてこう述べている。

「支那人に存するといはれる人肉嗜食の事實《じじつ》は明かに此の病的狂暴性に基《もとづ》く。此の超神經質が仇敵《きゅうてき》に對《たい》する憤怒《ふんぬ》と怨恨《えんこん》とを驅《か》つて彼を喰ふに居らしめる。肝臟を勇氣の中樞《ちゅうすう》なりと見、勇氣を増すべく、悦《よろこ》んで之を喰ふ。興奮其の極みに達する時、體《からだ》の何れの部分の肉でも構はず啖《くら》ふ。河口の一佛領事の談に據《よ》れば、一九〇八年の雲南の叛亂《はんらん》の折、兵士が死刑を受けた謀反者の肝を用ひた食事をするのを觀《み》たといふ。辛亥革命の頃に於ける人肉嗜食の例は尚擧げることが出來る。西藏《チベット》と革命民國との葛藤の際のことであるが、一九一三年三月一日のL'Echo de la Chine紙の傳《つた》ふる所に據るに、西藏人が巴塘《はとう》の支那人知事を食つたのに對する報復手段として、民國軍は捕虜にネロ帝の悪魔的イマジネーションを以てしても思ひ及ばぬ様な無数の残虐の限りを盡《つく》して後、之《これ》を殺して、彼等の人肉嗜食的胃の腑に葬つたといふことである。此の恐るべき所業も支那人にとりては當然《とうぜん》の事の如く、其の日常の話題に上つてゐる」（出典は前掲大谷著）

日本でも東洋史家、中国学者によって、「中国の食人」風習が研究されてきた。東洋学大家の桑原隲蔵の「支那人間に於ける食人肉の風習」（一九二四年）は、中国の国民性、歴史文化を論じたものとしても優れた論文である。

桑原の中国国民性論は、新文化運動の旗手胡適や魯迅に影響を与えたと、アメリカの中国学の大家フォゲルが指摘している。桑原の前にも神田孝平《かんだこうへい》の「支那人人肉ヲ食フノ説」（一八八一年）があり、長永義正《ながえよしまさ》も「支那食人考」（一九三〇年）を発表している。

在米韓国人歴史社会学者鄭麒来《チヨンキーレイ》はその著『中国古代の食人史』で中国人の食人風俗について、飢饉《ききん》と食糧不足にも原因はあるが、風習的な食人、すなわち忠孝や愛情に基づいた食人と、復讐と憎悪に基づいた食人が主流だと分析している。

さらに独特なのは、天下の万物を食材と見なしていた中国では、人肉が、美食として好まれたばかりでなく、強壮剤、精力剤として大いに活用されたという。

ノルウェー籍の中国人評論家、鍾祖康の統計によると、八億の漢字を収めた文淵閣《ぶんえんかく》の『四庫全書』には、「人相食」が一〇〇八回、「易子而食」が二三六回も現われたという。しかも、レトリック的な表現ではなく、すべて実際に行なわれたものであった。

私の憶測だが、おそらく日本人のように記録上手ではない中国人は、「食人」があまりにも普通なことであるため、きめ細かく記録していない可能性が高いのではないかと思われる。それにしてもこの数字には仰天せざるをえない。

『三国志』『水滸伝《すいこでん》』『西遊記』など文学作品の食人はさて置いて、中国の正史や文献に美食として人肉を食用した記録は無数にある。

元の陶宗儀《とうそうぎ》の著作『輟耕録《てつこうろく》』には、人肉の味評が著されている。宋《そう》の文人荘綽《そうたく》の著『鶏《けい》肋編《ろくへん》』には和骨爛《わこつらん》、不羨羊《ふせんよう》、焼抱火《しょうほうか》、両脚羊《りょうきゃくよう》など人肉の美味のランキングが示されている。児童の肉が最高で次が女性で、まずいのは男の肉とも書いている。

李時珍《りじちん》の名著『本草綱目《ほんぞうこうもく》』（一五九六年刊）は漢方薬の集大成だが、中には人体器官で薬用として用いられる三五種を挙げている。人の毛、骨、肉、肝臓、痰、血、小便、乳、涙、精液。歯までも薬用材料として使えると言っていた。

中国の食人史の「食人メニュー」を分類することもできるが、ここで簡単にまとめると、とにかく、「腊《せき》」（乾し人肉）、「醢《かい》」（塩漬人肉）や「人血饅頭《じんけつまんじゆう》」（血を塗った饅頭）、「嬰児湯《えいじとう》」（嬰児のスープ）、「嬰児の餃子」（嬰児肉をミンチにした餃子か）たるものがあって、名称を耳にしただけでも嘔吐をもよおす。

■文化大革命時代の食人宴

「第三段階の狂乱段階はまとめて言えば、食人大衆運動会である。例えば武宣《ふせん》県では大疫病が流行するさいに、屍《しかばね》に群がってむさぼり食う野犬の群れのごとく、人々は狂ったように打倒された敵を食いつくしている。人間を連れ出して糾弾《きゆうだん》闘争を行なう。闘争があるたびに、必ず死者が出てくる。死者が出れば、かならず食われる。人間がいったん倒れると、気を失っているかどうかにかかわらず、どっと人々が群がってきて、用意していた包丁やあいくちで人肉を切り取っていく。人肉がすっかり切り取られたあとは、はらわたも切り取っていく。骨まで持っていくこともある。

（中略）

大衆はそういうふうに人肉を切っていくだけではなく、天真爛漫《てんしんらんまん》な子どもたちも、人間を教育すべき学校教師も例外ではなく、その狂乱の人食い事件の嵐の中に飛び込んで、あの残虐な、人間性のない人食い運動に参加したのである。食人事件の嵐は疫病のように熱狂的に大地を席巻した。そのピークのときには決して大げさではなく、まさしく《人肉宴会》であった」（鄭義《ていぎ》『食人宴席』黄文雄訳、一九九三年）

これはアフリカ奥地のある食人種の物語でも、小説の作り話でもない。

実際一九六〇年代、中国広西《こうせい》チワン族自治区で起きた大虐殺にともなう食人のありさまであった。映画『古井戸』で知られる作家、鄭義（現在アメリカ在住）の著作『食人宴席』の引用文である。

中国原文では『紅色記念碑』というタイトルだが、鄭はその他『歴史の一部分』などでも中国現代の食人宴について書いている。その後、楊継縄《ようけいじょう》の巨著『墓碑』も六〇年代中国の食人の流行を生々しく描写して、海外の中国人社会で注目を浴びていた。

楊によれば、「子が父親を食べ」「親が子を食べ」「母が自分の娘を食べる」空前の食人を流行させている。

前出の鄭の『食人宴席』では、また健康食、滋養強壮食としての中国人の食人を描写している。たとえば、蒙山《もうざん》県のある小学校教師は、美人の心臓が男性の病気の治療に効き目があるという言葉を信じ、一三、四歳の美少女をプロレタリアート独裁の対象として、殺害すべきだと要求した。そしてついにその美しい女子生徒を殺害してしまったという。

武宣県でも前出のように食人が流行した。そのとき、革命委員会の副主任の王文留《おうぶんりゆう》は一八歳の若い女性だったが、女性にはとくによいとされる男性の性器だけを切り取って食べたとされる。

食人経験者の一人である謝錦文《しやきんぶん》は鄭氏に一九四八年にもあるスパイを殺し、腹を割って肝を食べたと自白し「人間の肝は煮るより、焼いたほうが香ばしい」と表白したそうだ。イギリスの親中的ジャーナリスト、ジョン・ギッティングスは、鄭義の『紅色記念碑』を読んで大きなショックを受けたようだ。そして「ほんとうに文化大革命中、中国人はあれほどひどく人を食ったのか」と疑問を抱いた。

その後、自分で直接武宣県など現場を訪れて、実地調査を重ねて「中国のどこの地方よりも人をたくさん食った」という現地の人からの回答を得られた。そして、彼は『中国の真相――食人からカラオケまで』という食人の真相をえぐった著作を上梓《じようし》した。

五〇〇〇年の文明を誇っている中国人がまさか、文明以来の食人文化を現代まで継承、発展させていたとは、多くの外国人は知らなかったはずだ。

経済的にも日進月歩の目ざましい進展を進行中である、文明大国中国が、まさかこれほどすさまじい非人道的食人文化を持っているとは、外国人には理解できないであろう。

ただし、中国国内でも「食人文化」について、さほど知られてはいない。私が時々私的な集まりの席上で、「食人」の話を持ち出すと、ほとんどの友人、知人は相当怪訝《けげん》な表情をして、私を見る。

■「食人」文化は現在も進行中である

もっと奇怪千万なことは、「食人文化」が二十一世紀のいまでも引き続き存在していることである。

二〇一一年韓国の有力月刊誌「新東亜」八月号は、ショッキングな事件を報じた。死産した赤ん坊や生後一～二カ月の幼児の人肉で作られた粉末入りのカプセルが、市場で密《ひそ》かに売られていた。

そのカプセルは中国で製造されているが、材料となる乳児の遺体は、ブローカーが吉林《きつりん》省延辺《えんぺん》の図們《ともん》市の病院から入手しているようだ。ソウルの薬材市場で、カプセルは、難病患者に特効があるとして一〇〇個あたり七〇から八〇万ウォン（七万〜八万円程度）で密売されているという。

実はもっとショッキングな「嬰児湯」（嬰児のスープ）が、近年中国で強壮食品として密かに地下に流通していた。

インターネットの「吃人」（食人）という項目で検索すると、いわゆる「嬰児湯」の生々しい写真が掲載されているが、心臓の弱い方はご覧にならないほうがよろしいかと思われる。

とくに生後二〜三カ月の女の嬰児のほうが精力に特効があるようで、価格も一皿（すなわち嬰児一人）に三〇〇〇元から四〇〇〇元（四万〜五万円程度）で密売されている。ことに広東《かんとん》省の金持ちの間で密かに流通している。

生まれて数カ月の嬰児にアカネ、トウジン、シシウド、クコの実、刻みショウガを加え、鶏がらも加えて八時間煮込むとものすごい強壮、増血になるという。

司馬平邦《しばへいほう》の『またもや人が人を食う現象が現われる』（原題「又見人相食」）によれば二

〇〇七年四月二十八日、「南方网」サイトに掲載されたニュースで、嬰児の肉を薬用として食べた事実を報じている。仏山《ぶつざん》市の奉某という夫婦の生まれたばかりの赤ん坊が死んで、友人の陳某夫婦に埋葬するように頼んだ。ところが陳某夫婦は親戚の子供の病を治療するため、嬰児の遺体を解体して、薬膳鍋にした。これが二〇〇六年十二月の出来事だが、陳某夫婦は獅山林業科学所内の茶花庭園に嬰児の内臓と頭を捨てたのが発覚し、逮捕された（EpochTimes.com、二〇〇九年二月二十二日）。

また、二〇〇七年台湾の雑誌「壹週刊」の報道によれば、遼寧省《りょうねい》で嬰児の死体を食べる習慣が相変わらず多く見られたという。具体的なニュースもある。

「遼寧省出身の劉という女性の案内で、記者が遼寧省の嬰児の死体料理店に同行した。その現場では、嬰児の死体を煮込んでいるおばさんが、男の嬰児の肉を切り刻んでミンチにして水餃子を作ったり、胎盤を切り落として、スープとして煮込んでいるところを目撃した。人肉水餃子の外観は、普通の水餃子と大差はなく、中身の色が明らかに赤色を呈しているのみであった。調理の過程で、そのおばさんは、親切にもみんなを安心させるため、『これは単なる上等な動物であって、怖がることはないよ』と述べた。

食べ終わった後、残った嬰児の残骸は、東北人の慣わしにしたがって、山の下に持って行き、火葬にするという。その全過程は恐ろしいものであった。

事実、中国大陸の嬰児死体食や、嬰児スープを飲むニュースは、たびたび聞くのだが、インターネット上でも、かつて世に広まったいわゆる芸術家たる者が嬰児の死体を食べることを芸術だとしたり、この全過程を撮影してドキュメンタリーにしてまで人々に観賞に供していたことがある……」（EpochTimes.com、二〇〇七年三月二十二日）

以上のような食人事例は氷山の一角にすぎないだろう。「食人」は伝統文化として中国では「報道禁止」により、表面に出ないだけであって、もっと多いと思われる。もしも魯迅がいまの中国の実態を知ったら、呆れ果てて閉口するだろう。

人は飢餓状態になったとき、やむを得ず人肉を食することはあるだろう。しかし、飽食の状態でも中国人は人肉を食べる。それは古代からの食文化「食民性」と言っても過言ではない。古くからの食文化の一環として見れば、現代でも美食や健康目的での食人が行なわれている中国の現状は、理解できるかもしれない。

■二十一世紀の「東亜病夫《とうあびょうふ》」

十九世紀末の清末から一九四九年の民国時期、近代中国に対する最大の蔑称として常用された言葉に「東亜病夫」がある。直訳すれば「東アジアの病人」という意味であるが、清代に阿片《あへん》で痩《や》せ細った中国人の姿を指している。一八九六年十月七日、イギリス人が上海で発行していた英文新聞「字西林報」に掲載された用語である。

日清戦争後の弱体化した中国に、この言葉が適用されるようになった。

一九〇三年に梁啓超は「新民説・論尚武」の中でこう述べている。

「ああ、人々がみな病夫であれば、この国はどうして病国にならないであろうか」

しかも、梁氏は、中国人は「病夫」であるのみでなく、女性的であり、羊であり、鬼であると直言している。

偉大な改革の先駆者で梁氏の同志であった譚嗣同《たんしどう》は、『仁学』(一八九九年)で以下のように指摘している。

「中国の人間のからだつき……西洋人と比べてみると、無気力で、だらしがなく、野卑で、粗暴である。黄色っぽく痩せた者、ふとってたるんだ者、しなびてかがんだ者ばかり。様子が立派できりりとした者は千万人に一、二人も見あたらない。これは中国の人間は生活の苦労で疲れはて、やかましく、せま苦しく、不潔にしているので、慢性の病気になりやすいのだ、という人もある。あんなふうに病気にならない者がいないのも当然である」

しかし、一〇〇年後、中国の現在の身体健康状況は、進化したのだろうか。

二〇一一年十月二十六日、アメリカの著名なシンクタンク「外交関係協会」の雑誌『外交事務』（Foreign Affairs）の公布によると、十一月十二日雑誌『双月利』に、「東亜病夫」（The Sick Man Affairs）という記事が掲載された。

記事では、中国はまさに「熟睡中の病的巨人」（a sickly sleepin'giant）だと称し、過去数十年間、中国の経済は急成長を遂げたにもかかわらず、民衆の健康状況は依然として改善されていないと指摘している。

これによると、中国は、二十一世紀の「東亜病夫」だということだ。

■中華「病民」共和国

さらに記事はこう述べている。

「一九八〇年以来、中国の経済成長率は毎年平均一〇%前後で、四億から五億の人民が、貧困から解放された。しかし、中国官報が示すデータによると、中国人の平均寿命の延びは、一九八一年から二〇〇九年までの間で、わずか五歳（六八歳から七三歳まで）前後にすぎない。

ところが、中国の一九八一年当時と平均寿命が同一であった国家、たとえば韓国、マレーシア、コロンビア、メキシコ等は、二〇〇九年まで平均で七歳から一四歳も寿命が延びた。世界銀行の統計によると、一九八一年の時点で先進地域であった国、たとえばオーストラリア、香港、日本、シンガポールなどは二〇〇九年まで平均寿命が七～一〇歳も増加している」

「一九七五年中国の死亡率は〇・七%（一〇〇〇人中七人死亡）で、一九四九年の死亡率は二%（一〇〇〇人中二〇人死亡）であった。しかも一九四九年より毛沢東死亡の一九七六年まで、中国人民の平均寿命は三五歳から一躍六五歳まで跳《は》ねあがった。しかし、ポスト毛沢東の一九八〇年代以来、毛時代にいったん根絶していた伝染病が再度爆発的に蔓延《まんえん》した」

二十一世紀の現在、中国人は各種の病、伝染病、病菌にさらされ、中華人民共和国はまさに中華「病民」共和国と化している。

北京の評論家、王錦思《おうきんし》の統計によると、中国では現在毎年の農薬中毒者が五万人を超えているし、七割の中国人が、健康を損ね病気にかかっている。北京の人口の六〇%は肥満であり、大学生の八三%が近眼である。また、エイズ患者の数は日本の一〇〇倍で、四〇〇〇万人の糖尿病患者、六〇〇〇万人の身体障害者、一億人の精神障害者がいる。ほかにも三億人の体重が基準値を超えている。

まだまだある。五億人の結核病患者、七億人の各種職業病罹患《りかん》者、九億人のカルシウム不足者。ほとんどの国民が虫歯で、平均一人、毎年四回ほど病気にかかる。

また、中国新华网サイトによれば、中国でB型肝炎ウイルスキャリアは一億三〇〇〇〜四〇〇〇万人に達しているし、三〇%あるいは五〇%の病は母子伝染で感染する。

広東省のみでも、一七・八%の感染率であり、六人中一人がB型肝炎ウイルス所持者である。

■「スポーツ強国」は本物ではない

中国は、世界第二のGDP大国であると同時に、二〇一二年のロンドンオリンピックで、アメリカに次ぐ金メダル三八個、総メダル獲得数八八個という成績をあげ、またもや世界を驚かせた。

中国のマスメディアは、オリンピックの終了後一斉に、中国はかつての「東亜病夫」の悪名をぬぐい去ったと歓喜した。

一九三六年のベルリンオリンピックでの中国（中華民国）国家代表チームの惨敗は、ずっと中国人のトラウマになっていた。当時海外の新聞が中国人の無能、文弱ぶりを諷刺した漫画を発表した。

五輪の下に、長い豚尾とされた辮髪《べんぱつ》、長袍《チャンパオ》を着て、げっそりと痩せこけた病弱な中国人がでっかい「〇」（メダルゼロ）を担いでいた。漫画のタイトルは「東亜病夫」。

現在でもオリンピックが開催される年になると「東亜病夫」の話題は、中国では必ず持ち出される。

これは逆に、いまや中国人は「東亜病夫」を太平洋へ捨て去り、世界のスポーツ大国になったと自慢するためである。

ロンドンオリンピック直後、中国オリンピック委員会主席劉鵬《りゅうほう》は、記者会見で初めて「中国のスポーツに対する投資額は、年に八億人民元（約一三五億円）」と公表した。

これは実に驚きの金額である。単純に計算しても、今回オリンピックで獲得した金メダルで換算すると、一枚の金メダルに一五七〇万元（約二億六〇〇〇万円）も投資したことになる。

しかし、膨大な資金を投入して、オリンピックのメダル数を増やしたと言っても「スポーツ大国」とは言いがたい。国内知識人からの批判が澎湃として起こったのも当然だった。

北京体育大学教授の易剣東《えきけんとう》は、こう指摘する。

「オリンピックでの金メダルの数は、一つの国家の体育競技の実力を正しく映し出していない、もっとも一つの国家のスポーツの総合実力を代弁するものではない」「総合メダル数の優勝国だと言っても、必ずしもメダル数のランクが下の国家より国全体の体育の実力で勝るとは言い難い」（鳳凰サイト）

劉逸明《りゅういつめい》という知識人は「金メダル大国と『東亜病夫』」という記事で、中国の現実を次のように批判する。

「オリンピックの金メダルのため、中国政府が巨額を惜しまず、民脂民膏《みんしみんこう》（苦労して得た人民の収益）を投げ捨ててまでも選手を育成しているが、このようなことは、他の国家では想像しがたいことだ。このような無茶な資金投入は民意に背《そむ》くものだ。もしも、これらの巨額を大衆の体育発展に使用するなら、金メダル数は多少減少しても、長い目で見ると、国民体質向上に有益であり、しかもスポーツ方面でも必ず世界のトップになれる」

■金メダル大国の知られざる悲惨な裏事情

実は「金メダル大国」の中国には、悲惨な裏事情がある。

というのも中国は世界一のドーピング大国でもあるからだ。中国メディア「新民网」は世界アンチドーピング機関（ＷＡＤＡ）が「禁止薬物の九九％は中国から来ている」と伝えている（二〇一三年二月十三日）。

「シドニー・モーニング・トラベル」（二〇一一年七月二十七日付）に元中国体操チームの医療スタッフの一人だった人物が「一九八〇年代から九〇年代にかけて五輪に出場した

中国の選手は、国を挙げて禁止薬物の使用にさらされた」と証言した。

彼によれば、「ドーピング疑惑のもっとも多い国にもなったし、過去一〇年以上にわたってドーピング疑惑の数は、他の国のそれを合わせた数を超えている。しかも欧米ではドーピングが一個人の行為であるのに対し、中国は国策として行なわれていた」。

また、香港の有名誌「開放」は、過去二〇年、中国が「金メダル大国」になるまでの知られざる裏事情を暴露した。その記事によれば、中国当局は、選手の健康への害をまったく顧みず、大量の禁止薬物を服用させるそうだ。

たとえば世界記録を更新したこともある女子重量挙げの元選手、鄒春蘭《しゅうしゅんらん》は栄養補助薬品だという薬をコーチに飲まされ、髭《ひげ》が生えるほど毛深くなり、声も太くなった。試合前の二週間は服用を中止し、それをパスする薬を注射して、検査を潜り抜けるという。

長期間禁止薬物を投与された女性選手は、男性化し、生理も実質なくなり、ほぼ女性としての機能を失ったそうだ。

「政府では、毎年数十億（元）を消耗して、エリート選手を育成することに専念し、国民の健康には関心がなかった。しかも金メダル選手はほめちぎるが、薬物や、負傷などで数多くの選手に終身的障害が出たり、甚しくは障害者になった。それでも国の保証制度が不備のため、彼（女）らの苦痛は、社会的関心もないまま、常にわきにおかれる。たとえば昔の『アジア陸上チャンピオン』だった徐偉利《じょいり》さんは、二〇一二年六月末、西安《せいあん》交通大学院第一附属病院で受診したが、六〇〇〇元（九〇〇〇〇円）の治療費がなくて、涙を流した」（呉少華《ごしょうか》『五輪金メダル失敗は、誰の恥か』）

中国は、人為的金メダル大国ではあっても、本当のスポーツ大国には、まだまだ遠い国である。そして、二十一世紀の「世界病夫」の国と呼ぶべきであろう。

■阿片《あへん》と「東亜病夫」

一〇〇年前、「東亜病夫」と呼ばれた中国人のイメージには、阿片を吸って痩せ細ったみすぼらしい身体と精神的劣化があった。

ところが一〇〇年後の現在、中国では阿片を吸引しているだろうか。

この問題に答える前に、まずわれわれが持っているいくつかの阿片や「阿片戦争」に対する間違った通念について、振り返ってみなければならない。

阿片は、麻痺《まひ》性の高い薬物で、明《みん》の李時珍《りじちん》の『本草綱目』にも薬剤としての記載があり、異名は「罌粟《けし》」と称する。私が小学生の頃の一九七〇年代に祖母が実家の裏庭に数株植えていたのを見たが、その花はきわめて美しかった。祖母は実を煮詰めて、黒いエキスを抽出した。その当時貧困な農村では、家庭の常備薬として使われていた。時々腹痛とか、下痢のときに私も祖母からそのエキスを微量飲まされたことがあるが、効き目は上々だった覚えがある。

十六世紀から中国では阿片を麻薬として使い、快感を得たようだ。明の皇帝朱翊鈞《しゆよくきん》（万《ばん》暦《れき》帝）が数十年も朝廷の職務を怠慢した理由は、阿片中毒者だったからといわれる。「阿片戦争」の原因として知られている阿片は、イギリスの貿易商によって中国に密売されたが、これが、大変な弊害をもたらした。白銀の大量の海外流出もそうだが、中国では毎年、数百万もの阿片吸引者が出て、中国人の身体と精神を目茶目茶にし、「東亜病夫」に転落させてしまった。

中国の教科書的通念では、西洋人が中国人をだめにするため、わざと阿片を吸わせたというが、実は阿片の吸引方法は、中国人の自らの「発明」であって、西洋人が吸引せよと強制したのではない。西洋でも阿片を一種の医薬品として使用しているのに、中国人は自ら進んで阿片を常用する生活方法を選んだのであった。阿片の密売は悪いけれど、阿片を常用した中国人がもっとも自己責任を負うべきだ。

したがって、林則徐《りんそくじょ》（清の官僚、政治家）がとった政策のうち、阿片焼却などはよかったが、イギリスの正常な中英貿易の要求を拒否し、その国際外交を拒絶したのは愚挙であった。

「阿片戦争」とは阿片のための戦いではなく、貿易をめぐる戦争であった。イギリスの外交、貿易を拒んだ中国は、「南京条約」「北京条約」で痛い目に遭うのである。

■なぜ中国ではまたもや「阿片食」が流行しているのか

一九八〇年代中期、私が中国の大学で講師をしていた頃、瀋陽のある有名な犬肉専門料理店が大繁盛していた。私は犬肉を食べないので一度もその店に入ったことはないが、知人たちの話によると、犬肉料理や犬肉スープがものすごく美味しいので、続々とはまる「中毒者」が出た。

あとになって、友人から聞いた話では、その店では阿片の原料の罌粟の種や外皮、からを入れていたそうだ。

私は、半信半疑であったが、一九九〇年代に入るとその実態が明らかになった。実は、料理店、レストランなどで、常連客を増やすため、料理や火鍋などの中に密かに罌粟を混入するのは、よくあることであった。

このような、中国の全国的実態を把握した中国衛生部では、一九九二年「食品中阿片生物成分測定方法（暫定）」を公布した。しかし、飲食業界の阿片常用については、恣意《しい》的にこれを無視した。二〇〇〇年六月十九日付「質量日報」の報道によると、中国の多くの地方飲食店では火鍋の汁の中や、他の食料にも三割から四割の阿片が検出されたといわれる。二〇〇六年七月、広西チワン族自治区南寧《なんねい》市警察当局は、地元の著名な火鍋の名店「鮮香王」の調味料の中からコカインなどの禁止薬物を検出し、罌粟の種の調味料と罌粟種油を大量に押収した。

中国国内や香港などの新聞もたびたび「阿片食」のニュースを報じていて、顧客の注意を喚起しているが、当の消費者たちは、その阿片の奇妙な美味にはまってしまって自ら虜《とりこ》になっている。

二〇一二年のことだが、北京と瀋陽で大学教授や新聞、出版社の友人たちと中華料理の食卓を囲み、談笑しながら、また「阿片食」の話題が出た。そのとき、大学の友人が語った話はいまも鮮明に頭の中に残っている。

「まあまあ、いいじゃない。ちょっぴり阿片など混ぜることで、相当な美味と快感を得られるのなら……」

わざと利益のために阿片を混入する経営者も、それを知りながら、舌尖上の快感を求める消費者も、「共犯」ではないか。

■実は中国のエリートたちも阿片が好物だった

中国人が、いまだに一〇〇年前と同様、形は変えても、本質的に阿片を愛好する内面の深層を探ると、やはり舌尖上の快楽を求める、精神的虚無感に由来すると考えられる。

魯迅の弟で新文化運動の旗手の一人でもあった周作人《しゅうさくじん》はそれについて「中国人は豊かな者は無聊《ぶりょう》（心が楽しまない）で、貧困な者は苦しみのあまりに、これをもって麻酔し暇をつぶすのだ」と喝破している。やはり、中国通のラルフ・タウンゼントは「阿片は中国人の国民性に合ったもの」と指摘し、「イギリスが持ち込まなくても、いずれ阿片は中国に入ってきた」「あんなに熱烈歓迎する国は中国しかない」と言ったのはもっともである。

阿片の常飲者の多かった中国は、阿片戦争の頃の西洋帝国主義に、その責任を転嫁してきたが、実は阿片を「煮込んでエキス（膏）にし、煙として吸った」のは中国人の独創であると清末の李圭《りけい》という知識人がその著『鴉片事略』（一八九五年刊）で述べている。

中国人自身の快楽、暇つぶしとして、阿片は流行したし、現在もなお食品に混入されて流通しているのだ。

ノルウェー籍の中国人批評家、鍾祖康の論考によると、中国人はエリートでも阿片を吸っていた。驚くことだが、おそらく、当時の中国では普通のことであっただろう。

著名な知識人、章士釗《しょうししょう》（一八八一―一九七三）、僧侶文人として有名な、日中ハーフである蘇曼殊《そまんじゅ》（一八八四―一九一八）、中国近代第一級の思想家、厳復《げんふく》（一八五三―一九二一）はみな、阿片の常飲者であった。中国の大衆を啓蒙し、リードしたエリートがこうであったならば、一般大衆はいうまでもないだろう。

現在の高級エリートの中にも依然として阿片を用いている者がいる。その証言を挙げよう。

「改革開放三十余年来、社会の貧富の分化は、日々ひどくなり、経済発展にともなって政治は腐敗して行く。『先に富んだ者』と『先に腐敗した者』という社会階層中、阿片と其の他の薬物を用いることは、中国の流行となっている。この以前、中国共産党の上層部では次のような通報を出している。

『雲南、四川、広東、広西、福建《ふっけん》、浙江などの省、市十余万もの退職党政幹部と天下りの軍官は疾病や、負傷を理由で長期間にわたって阿片、大麻を薬物治療用として、費用を支給した』」（張偉国《ちょういこく》「京奥—中国崛起的『精神阿片』」、二〇〇八年八月六日）

この文章を読んで、私は百余年前の西洋の地質学者リヒトホーフェン（一八三三—一九〇五）の言葉を思い浮かべた。彼は中国の大地を長年調査し、中国人の性格を「商才と普遍的な商売欲」と見なし、「次に虚礼」と「普遍的な賭博欲と阿片常飲にある」と指摘した。そしてこれらから「中国人は民度が相当低い」と喝破した。彼の炯眼《けいがん》に照らして見ると、百余年後のいま、中国人は「民度」がいかに低下し、進化していないかは自明である。

■「舌の上」と「お尻の下」の優劣

以前、中国在住の朝鮮族の知識人から聞いた話だが、「中国人は上の食べる口は大事にするけれど、下の排泄する口は大変粗末にする」という言い方があるらしい。

なるほど！　と私は思わずうなずいた。食べること、すなわち「舌尖上」のことは、大切にするのだが、排泄、トイレのこと、すなわち「お尻の下」はかなり無頓着《むとんちゃく》である。

一〇〇年前の西洋人や日本人の中国、中国人論には、必ずと言っていいほどトイレの不潔さ、きわめて不衛生な実態に対する指摘が出てくる。

西洋観察家の目に映った東アジア三カ国の中でも、中国人は一番「不潔な民族」である。たとえば、西洋人が見た三カ国人像はこうだ。

「日本人は風呂によく入るし、よく着替える。朝鮮人は風呂はよく入らないが服はよく着替える。しかし中国人は風呂もよく入らないし、服もほとんど着替えない」

ほとんどの西洋人は、中国の料理の美味や贅沢さは礼讃しても、その不潔さ、不衛生の実態や、とりわけトイレにたいしては、嫌悪感をあらわにしている。

トロイア遺跡の発掘で知られる世界的考古学者ハインリッヒ・シュリーマン（一八二二

──一八九〇）は、その著『シュリーマン旅行記　清国・日本』（一八六九年刊）で、「世界で一番清潔なのは日本国民」と述べ、日本人と比較しながら中国人の不潔さを指摘している。

「どこへ行っても、陽の光を遮《さえぎ》り、呼吸を苦しくさせるひどい埃《ほこり》に襲われ、まったくの裸かみじめなぼろをまとっただけの乞食につきまとわれる……」

戦前の中国通で知られた長野朗《ながのあきら》（一八八八──一九七五）は、『支那の真相』（一九三〇年）、『民族戦』（一九四一年）、『支那三十年』（一九四二年）などの中国見聞記を発表し、その中で中国の国民性の欠点にも多数触れていて、一九四〇年代初頭の中国人の不潔さとトイレのすさまじい事情とを記述している。

「一番困ったのは便所で、何処《どこ》の宿屋にもない。そこで女は旅には便器を携帯するか、竹と幕を持って歩いて、庭の一隅に張るのである。どうも昼は具合が悪いので夜やったものだが、時にはやっている最中に、犬や豚が舌なめずりして温かいのをねらって来るから一方の手に棒を持って、犬を追いながらやる……（河北省の）保定《ほてい》だけはさすがに屋根の覆いのある便所はあったが、それも各便所の仕切りの壁が低く、肩から上は出るので、お互いに顔を見合わせながら砲列を敷くことになる……」（長野朗『支那の真相』一九三〇年）

これはそっくり、現在中国の都会の公衆トイレや田舎のトイレの事情にも適応する話である。これを読んだ一瞬、私は思わずひざを叩いた。

一九一七年から二〇年代の新文化運動の旗手の一人で、共産中国の創建者の一人でもある陳独秀《ちんどくしゅう》（一八四〇―一九四二）は、西洋と比べて、中国人の不潔さを次のように指摘している。

「西洋人は、世界の不潔民族といえば、インド人、朝鮮人とわが華人三者を指す。公衆衛生に対して国家は制度を定めていない。やたらに痰を吐き、道上は糞とゴミで満ちている。沐浴をよくしないせいで、その悪臭は西洋人の家畜よりもひどい。厨房の不潔さといったら、欧米のきれいなトイレより汚い……。数千年の専制政治を経て、秦《しん》の始皇帝時代から洪憲《こうけん》皇帝まで、みな利益と官禄のみを追求してきた。我が国民は利益と官禄に耽溺《たんでき》して、自覚がなく、卑鄙齷齪《ひひあくせく》（卑劣で汚い）な国民性はここから由来する……」（「新青年」一九二一年第九巻一号）

陳独秀は、中国人の不潔さを「卑鄙齷齪」たる国民性だと直言していた。確かに風土や政治体制によって、中国人は悠久の歳月、清潔を追求する国民性を形成してなかったことが分かる。

その中には、経済的に近代化されていない事情もあるだろうが、現代でGDPの世界第二の大国になった時点でも「『舌尖』を大事にし、『尻の下』は大変粗末にする」国民性は、依然そのままである。

■北京の名門大学のトイレにもペーパーが具備されていない

卑近な事例を挙げよう。

二〇一一年三月末、北京の名門R大学で「日中韓東アジア文化比較」の講演を行なったときのことである。

大学の大教室で講演をする前、私は大教室に近いトイレに入った。ところが用を済ませてから見たら、トイレットペーパーが置かれていなかった。これはまいったなと思い、中国旅行ではいつも持ち歩いていたポケットティッシュを探したが、見あたらない。

そこで、携帯電話で同行した大学関係者の知人に緊急連絡をした。幸い知人のおかげで、大ピンチは無事乗り越えた。私は、日本的感覚で、中国の名門大のトイレだから当然トイレットペーパーくらいは置いてあると思い込んでいたのである。

講演終了後、大学側の関係者たちとお茶を飲みながら、歓談した。たまたまトイレの話題になって、私は「なぜ大学のトイレにトイレットペーパーが置いてないか」と聞いた。するると、ある教授がずばりこう言った。「トイレットペーパーが盗まれるケースが多いからだ」と。その教授は、日本滞在の経験者で、日本のトイレを見れば日本人の清潔さと高水準の国民素質が分かると付け加えた。

その後、中国のサイトで復旦《ふくたん》大学（上海の名門大学）の著名な教授、葛剣雄《かつけんゆう》の中国トイレ談論をみつけた。彼は中国の大学のトイレにトイレットペーパーを置かない理由についてこう述べている。

「アフリカの極貧国家へ行っても、大学の中のトイレには必ずトイレットペーパーが具備されていた」「物質資本の貧弱さのみならず、人間の資質、すなわち文化的低水準のせいだ」と。

考えてみると、中国人たちは、「中国の国民（老百姓）たちの素質、民度が低いので、西洋式の民主主義を実現するのは無理だ」と言っているが、大学生もトイレットペーパーを盗むなら、中国の一般百姓どころか、知識人、エリートの民度も百姓と変わらないのではなかろうか。

■便器こそ中国の進化をはかるバロメーター

面白いことに、中国の新聞、ネット上にもトイレでトイレットペーパーのないことが原因のSOSの「救助」事件が頻発《ひんぱつ》している。

二〇一二年五月十日の中国新聞網によると、武漢《ぶかん》のある少女が厠《かわや》の中にトイレットペーパーを持ち込まず、「新浪微博《シナウエイボー》」（中国版ツイッター）を通して「救助」を求めた。

そもそも、中国の公衆トイレの中にはトイレットペーパーが置かれていないので、利用者は各自で所持するのが常識である。その少女は、持ち込みを忘れて、急用を済ませた後気が付いて大至急、携帯電話で救助要請を発信したそうだ。

「私は、いま武漢市の群光広場二Fの小熊専売店の隣の厠の中にいますが、トイレットペーパーを持っていません……。至急救助をお願いします……。ペーパーを私に手渡すときには、私の顔を見ないでください。恥ずかしいからね……」

結局、清掃のおばさんがかけよってきてトイレットペーパーを渡したようである。「トイレの中でトイレットペーパーの救助を要望した最初の人物」として、その美少女は、ネットでの人気が急上昇したらしい。

中国を数回訪問した外国人の子供たちは十中八九、中国のトイレ、便器が大嫌いだと感想を述べる。

息子も、中国の料理は美味しいが、中国のトイレや便器は汚すぎると言っていた。中国は経済的発展や、いわゆる進歩とは裏腹に水洗トイレ、便器が全国的に普及していないし、ほとんどの公衆トイレは不潔きわまりなく、用を足せる気分ではない。

仮にしゃがんでも、下から出るより、上から先に反吐《へど》が出そうだ。日本や欧米で生まれ育った中国系二世、三世の子供たちは、夏休みなどに親について中国へ行くのに躊躇《ちゅうちょ》する。その理由の一つがほかでもなく、このトイレ事情である。

発展した中国になぜ水洗トイレが少ないか、なぜ近代文明の常識であるはずのトイレットペーパーすらも具備されていないのかが、彼らにとっては不可思議な「謎」でもあろう。

舌尖上の中華美食の魅力は多大だけれども、トイレに対する嫌悪感もきわめて大きい。

世界保健機関（WTO）の報告書によれば、現在二五億人がいまだに室外の青空トイレを利用しているそうだ。世界の中でもっとも水洗トイレが不足する一〇〇の国のうち、中国は第三位を占め、五〇〇〇万もの中国人が青空トイレで用便をする。しかも、中国では青空トイレを使う比率は、田舎の人よりも都市の人のほうが高いといわれるのである。これは、発展が目ざましい第二の経済大国としては、きわめてそぐわない矛盾でもある。

中国がいかに発展し、いかに進化を遂げてきたかを示すバロメーターは、あのGDPの幻想的数値でもなければ、森のようにそびえ立つ超高層ビル群でもない。

中国のトイレ、便器こそ、中国の進化水準を測るバロメーターだ。上部構造も下部構造も共に発展している欧米や日本に比べれば、中国の進化はおよそ一〇〇年も遅れていると言っても過言ではない。

今後、中国が真の進化を目指すならば、美食を楽しむ「舌尖上」の問題ではなく、美食を満喫したあと、下半身のお尻の問題をいかに清潔に解決すべきかというのが「急務」であろう。国民の生活にかかわる、この大事なお尻の下は、舌尖上の快楽よりも大切なことである。

■「上良下劣」の社会構造

中国は、「上良下劣」な構造の国である。

「上良下劣」というのは、文字からも分かるように、目に見える上部構造は、実に華麗に建設し、投資し、力を注入するが、目に見えない下部構造は実に粗末にし、ごまかしているということだ。

都市建設では、この構造が典型的に現われる。たとえば、西洋式の超高層ビル、ホテル、政府官公庁舎などは、奢侈・華麗の限りを尽くしている。しかし、トイレ、便器をはじめ、都市の胃腸の機能を果たす下水道建設はきわめて貧弱である。

毛沢東はかつて、アメリカを皮肉って「米国帝国主義は虚弱な張り子の虎」だと威張っていたが、人のことを言っている場合ではなかった。

「表良裏悪」という表現でもよさそうだ。人に譬《たと》えれば、顔の化粧や装身具、服装はきわめて華麗であるが、身体は病気だらけで、しかも下半身は不能の男に似ている。

中国に行くたびに、友人の知識人たちは、北京、上海など大都市の下部構造、人間の胃腸たる下水道の建設は、きわめて脆弱《ぜいじゃく》であると指摘する。

先進国との格差は、本質的な意味で往々にして見分けられない。しかし、有事のとき、水害に遭遇した際、その格差は直ちに現われるのである。

■中国の都市建設は宋代より劣る

近年頻発する暴雨などの水害によって、中国大陸の都会の下部構造である「お尻の下」がきわめて脆弱であることが暴露されている。

大雨によって、都市の下水道設備は機能をしなくなり、都市全体が麻痺してしまう。二〇一一年七月十七日、「羊城晩報《ようじようばんほう》」の報道によれば「大陸の多数の都市は雨の後、海となり、現代の下水道は宋代の排水溝より劣る」と指摘している。

このニュースによれば、七月十五日〜十七日の間、広州市は暴風雨によって「市内で海を見る」ような巨大な水溜まりができた。広州、武漢、北京、成都《せいと》、南昌《なんしよう》など一四の都市でも「市内の海洋」が形成され、地下鉄には「水帘洞」（滝）が見られた。

一方、江西省《こうせい》の贛州《かんしゆう》市の福寿溝《ふくじゆこう》では、いまから九〇〇年前の宋代に修建された都市の下水道が現在残る旧市街の排水機能を果たしたとした。

専門家は、九〇〇年前の下水道施設の機能に驚愕《きようがく》し、「いまの中国の都市建設は宋代よりも劣る」と指摘したのだ。

専門家によれば、二〇一〇年の全国都市の調査結果を見ると、全国の三分の二の都市で雨水が溜まって冠水する水害が発生した。二〇一〇年の一年だけでも、全国の都市洪水に遭った都市は百余に達し、全国の経済的損害は少なくとも二〇〇〇億人民元以上に上る。

なぜ経済大国であるのに、実際の都市建設では九〇〇年前の宋代にも及ばないのか。

それは中国政府が表面的上部構造の建設に専念して、地下の下水道設備はまじめに建設していないからだ。

現在、東京を凌駕したと豪語している北京にも、宋代の排水溝に勝る下水道が一つもないと指摘されている。

■「下水道が人を食う」

近年中国の都市で「下水道が人を食う」奇怪な事件が頻発している。

中国新聞網によると、二〇一三年三月二十二日午後九時、湖南省の長沙《ちようさ》市内で暴雨により、市街地には水が溢《あふ》れた。二一歳の女子大学生楊麗君《ようれいくん》は、マンホールに落ちて流れて行方不明になった。マンホールの蓋《ふた》が当時なかったためである。

このように「下水道が人を食う」悲劇は、全国各地で頻発している。二〇一〇年五月十四日、広州で二〇歳の女子大学生李淑芬《りしゅうふん》は、暴風の中、蓋のないマンホールに落ちて死亡した。

二〇一一年六月二十三日、北京市内で雨の中、楊鉄貞《ようてつてい》と満洪浩《まんこうこう》という青年がマンホールに落ちて命を落とした。

大雨、暴風雨に遭遇するたびに、脆弱な排水施設によって、都市全体が洋々たる海になる。洪水の水面下に隠された蓋のないマンホールは恐ろしいブラックホールと化する。二十数年前のことだが、瀋陽の大学で教鞭を執っていた頃、大学の前の道路が豪雨によって洪水化し、知人の幼い女の子が蓋のないマンホールの中に巻き込まれて、行方不明になった。

なぜ、マンホールの蓋が消えたのか？　その理由は二つあるという。一つは大雨以前にすでに蓋が盗まれたか消えていた可能性。もう一つは、大雨によって押し流されたのかもしれない。いずれにしろ、中国では都市管理のシステムが脆弱なせいで、マンホールの蓋が消えても、誰一人関心がない。

しかも、マンホールの蓋の地下にある都市排水系統が大問題である。

「多数の都市は病気にかかった美人のように、地上は華やかであるが地下は炎症だらけで

道路のあちこちに蓋のないマンホールが！

蓋の盗難のため道路のあちこちに穴があいている陝西省西安市では、安全対策として道路の清掃員が木の枝を差し込むという措置がとられた。

あり、顔だけをきれいに化粧して、身体の内臓は慢性疾病をそのまま放置したあげく、臓器移植をしなければならないだろう」と、三月二十五日の「人民日報」も「下水道が人を食う」悲劇をとりあげ、批判している。

下水道さえろくに作れない都市は永久的な廃都であり、国全体の下水道をろくに建設できない国家は亡国を自ら招くだろう。

宋代の九〇〇〇年前より退化した都市、おそらくこの退化こそ、いま二十一世紀の中国の未進化のシンボルだと私は思う。

第四章
動物化する中国人

■九〇〇年前の宋代よりも後退してしまった

近年、中国の主流マスコミではさかんに「盛世中国《せいせい》」という言葉を使う。「盛世」とは、繁栄して発展を謳歌《おうか》する中国人愛用の言葉である。三〇年来の改革開放策によって中国は、毛沢東の建国以来未曾有《みぞう》の経済的発展を遂げ、いわゆる「盛世」に入ったと言ってもさしつかえないだろう。

現在の中国人は、歴史的に唐宋《とうそう》時代の盛世や清代の「康乾盛世《こうけん》」（康熙帝《こうき》、乾隆帝《けんりゅう》の治世の繁栄した良き時代）に譬《たと》えることを好む。ところが、「盛世」の陰にある中国人の人間の資質、精神、道徳の劣化は、危機的水準にまで達しているのが現状だ。

これはことさらに誇張した言い方をしたわけではない。温家宝《おんかほう》首相（当時）が二〇一二年のある講演で「悪質な食品安全事件は、中国の誠意、信用の欠如、道徳の劣化がいかにひどいレベルにあるかを物語っている」と述べたとおりである。

この深刻さは、先進国と比べるまでもなく、九〇〇年前の宋（九六〇—一二七九）の時代と比べるだけで十分であろう。内藤湖南も指摘したように、宋代では、貴族制度を全廃して、皇帝専制政治を実施し、経済、社会、思想の自由化を行なった。科挙制度では、身分の自由化と、貴族のリストラを可能とし、人材を登用するシステムであったし、製紙と、印刷技術の完備で、出版された書籍ももっとも多かった。

そして宋代の知的、道徳的レベルが非常に高かっただけに「天下の憂いのために先に憂え、天下の楽しみに後れて楽しむ」（范仲淹《はんちゅうえん》『岳陽楼記』）という精神的情操も生まれていた。

宋代は商品経済、物質文明の面で高度の発達を遂げたのみならず、精神文明でも空前の高い水準に達していた。

■ネット上では現状を的確に諷刺した短文が流行中

二〇一二年のこと、「博訊新聞网」に、大変面白い記事が載っていた。「ある秀才の胡錦《こきん》濤《とう》への公開質問状」というタイトルの記事は、現代中国の奇怪千万な現実を映し出している。

その記事の一部を抜粋してみよう。

「胡主席、温総理、お元気ですか？

国家の関係当局の統計によると、改革開放三〇年来、値上がりしたのは、住宅費、墓地、烏紗帽《うさぼう》（官職）、月餅《げつぺい》と二奶《あるない》（高官の情婦）ですね。もっとも値下がりしたのは、職称（肩書）、学位、道徳、誠意、信用と人民元ですね。

中国はすでに初歩的に月光族（貯金せず、その月の収入をすぐ使い果たす若者たち）、啃老《こうろう》族（就職難により、定職につけず、親のスネをかじりながら生活する若者たち）、打工族（アルバイト族）、蝸居《かきょ》族（小さな狭苦しい家に住む若者）、蟻《あり》族（都市で群れて生活する、就職難で、低賃金労働で食いつなぐ毎日である若者）、小私族（月光族と違い自分の個性やこだわりを追求することにお金を惜しまない若者）、行騙《ぎょうへん》族（詐欺をはたらくため居どころを転々とする人たち）、逐利《ちくり》族（自己の利益ばかり追求する人間）などで構成した多民族国になりました……」（博訊新聞网）

さらに、ネットでは中国の現状、ことに民衆生活をおびやかす状況について、このような言い方がはやっている。

「一、子供を産めない　帝王切開で五〇〇〇元いるから

二、学校へ行けない　学校を選ぶだけで三万元かかるから

三、持ち家に住めない　一平方メートルに二万元以上いるから
四、病気になれない　医療費用が一〇倍に上がったから
五、生きていけない　一カ月頑張っても一〇〇〇元しか稼げないから
六、死ねない　　　火葬費が三万元もいるから
総括　求生不得、求死不能（生きようとしても無理だし、死のうとしてもできない）」

次に「中国の現状」がまだまだ続く。

「一、教育　希望を持って入って、絶望して出る
二、演芸『玉女』で入って、『小姐』になって出る（性的サービスを要求される）
三、信訪（不平を告発すること）竇娥《とうが》が入って、精神障害を抱えて出てくる（竇娥は古典作品の中の女主人公で、自分の無実を訴える）
四、官場（役所）海瑞《かいずい》が入って和珅《わしん》になって出る（海瑞は清廉な官吏、和珅は貪官、私利私欲のために不正をはたらく役人を指す）
五、石炭坑《せきたんこう》しゃがんで入って、よこになって出る（炭坑事故で抗夫の死者がよく出る）

六、大学　校花（もっとも美しい女学生）が入って枯花になって出る（大学の人間性教育の失敗を諷刺している）
七、株市場　洋服を着て入って、パンツで出て来る」
全人代と中国人民政治商会議を中国では「両会《リャンフィ》」と呼ぶ。「両会」は中国語音では「二つのことができる」という意味にもなるので、これにちなんだ次のような諷刺文が、ネットで出回っている。
「『両会』とは何かと聞かれたら？
農民代表は答える　豚の飼育と豚の交配
労働者代表は答える　金儲けと消費
農民工代表は答える　不払いの賃金の要求と土下座すること
家政婦代表は答える　主人を横取りすることと、布団をたたむこと
芸人代表は答える　自己イメージ宣伝とお偉いさんと寝ること
商人代表は答える　大金稼ぎと脱税すること
官吏代表は答える　嘘つきと賄賂《わいろ》を受けること」

中国人のすべての職種における腐敗した現実を皮肉っている。読んで最初は笑えるが、よく考えたらけっして笑えない中国人のスケッチである。現在の中国の現実そのままだからだ。

■「現代の中国人は、有史以来もっとも醜い人間だ」

台湾の著名な哲学者、新儒学の代表的学者である牟宗三《ぼうそうさん》（一九〇九―一九九五）は「現代の中国人は、有史以来もっとも醜い人間だ」と喝破したことがある。

ポスト毛沢東時代の三〇年来、改革は豊かになる機会を提供したが、国民たちの労働成果は官吏や少数の既得権益者の餌食《えじき》になった。その結果、社会的貧富の格差はますます増大した。

改革開放は、皮肉にも毛沢東時代にしばらく眠っていた官吏の腐敗、堕落を目覚めさせ、物欲と拝金主義は、いままで中国人の中にわずかに残っていたマルキシズム信仰を一気に打ち破り、国民の精神はすべて物欲に占領されるにいたった。

しかも近代化建設の名目で行なわれる自然破壊は、中国人の生存そのものへ危機すらもたらした。

「五〇〇〇年の文明」を誇る中国人は、現在目に見えるように、無信仰で無道徳、無反省、無勇気の民族に転落してしまった。

国民の自由、独立的人格と尊厳は抑圧され、官民とも無恥な動物と化してしまった。卑《ひ》怯《きょう》で勇気のない民は官の跋扈《ばっこ》を許し、官の跋扈はまた民をさらに馴化《じゅんか》する道具と化した。

結果、今日の改革開放は、官民共にその道徳レベルを史上最悪の水準にまで落下させた。

かつて、欧米は日本人を「経済動物《エコノミック・アニマル》」と揶揄《やゆ》したが、日本人は道徳水準のきわめて高い「経済動物」であった。ところが中国人は、正真正銘の道徳砂漠の動物と化したのだ。

■一三億の中国人が震撼した「小悦悦《シャオユエユエ》事件」

中国人の道徳の最悪化と国民劣根性の実態を如実に反映したショッキングな「小悦悦《シャオユエユエ》事件」がある。二〇一一年十月十三日午後五時三〇分頃、広東省仏山市で小児の轢《ひ》き逃げ事件が発生した。二歳になったばかりの女の子、小悦悦は、道端でマイクロバスに轢かれ、さらにもう一回別の軽トラックにも轢かれた。

二台の車の運転手は、それぞれそのまま走り去り、さらに七分間、その現場を通った一八人もの人たちも誰一人助けずに素通りしてしまった。それでも小悦悦は、ゴミ拾いをしている陳賢妹《ちんけんまい》という女性に助けられ、病院に救急搬送されて治療を受けたが、八日後の二十一日に亡くなってしまった。

この「小悦悦事件」が、新聞、テレビ、ネット上で報道されるや否や、大反響を巻き起こした。

小悦悦の不幸な事件は、全国民の憤激を買った。轢き逃げの運転手はもちろんだが、小悦悦のそばを通った大人たちの冷酷な対応は、まさにこの地球上の人間のすることではないと猛烈な非難にさらされた。

私は、インターネットの画像やYouTubeで事件の真相を確認し、その事実を信じるようになった。

中国人の道徳がなぜここまで堕落したのか、さしもの国民も唖然《あぜん》としたものだ。「小悦悦事件」は、実は中国人の精神、道徳レベルをテストするリトマス試験紙でもあった。しかし残念ながら、この試験で全中国人は、きわめて低い点数しかとれなかったのだ。

普遍的人間性の一つである同情心すらも、中国人は喪失してしまった。そう批判されても、中国人は答えようがないだろう。

公民がいまだに形成されていない中国で、他人に同情心を働かせるという、基準的公徳心を望むほうが無理なのだろうか。

全国民が「小悦悦事件」に熱く議論を展開している間、四川省でまた五歳の女の子の轢き逃げ事件が発生した。そしてまた十一月にも河南省で警察官が飲酒運転で連続五人を轢き逃げした事件が発覚したそうだ。

日本では、負傷したハトやネコを見ても救助するのが、普通である。中国では人間に対してすらそれほど冷酷非情だから、来日した中国人留学生たちは、日本人の動物愛に対し

なぜ手をさしのべないのか！

車に轢かれ、倒れて苦しむ小悦悦（中央円内）の脇を素通りする通行人（右）。ネット上に流れたこの防犯ビデオ映像は、瞬く間に世界中に広まった。写真／共同

ては理解することすらできないでいる。

私の友人で中国人民大学文学院院長の孫郁《そんいく》教授は「中国人の冷酷非情は一朝一夕で変わるものではない」と言った。

「その冷酷さは、魯迅がたびたび指摘したように、中国国民の劣根性に由来し、時代が変わっても、ちっとも変わっていない。中国式の垂直的上下構造の官僚のシステムが変わらない限り、永久に変わらない」

■なぜ中国では転倒した老人を救護したらいけないのか

「小悦悦事件」と同じく、中国ではあまりにも有名な事件に「彭宇案件《ポンユー》」がある。一言でいえば彭宇という青年が道端に倒れた老婆を助けたが、その老婆が逆に「押し倒された」と主張して、彭宇を陥《おとしい》れた事件。

二〇〇六年十一月二十日、南京《なんきん》市の彭宇はバス停で転倒している老婆、徐寿蘭《じよじゆらん》を救護して、病院までつれて行った。徐老婆は大腿骨《だいたいこつ》骨折と診断され手術を受ける必要があった。

そこで徐は「彭宇に押し倒された」と言い張り、莫大な医療費の賠償を要求した。彭氏は、自分は人を助けてあげたのになぜこんな目に遭うのかと、その要求を拒否した。

結局、二〇〇七年九月五日、区法院は、彭氏に四万五八七六元（七十余万円）の賠償金の支払いを命じた。

「彭宇案件」と呼ばれるこの事件は、中国人の道徳劣化性を象徴する言葉になった。マスコミやネットサイトによって全国に広まり、全国民を驚愕させた。当時区法院の裁判官の判決文が傑作だった。「彭宇さん、もしもあなたが押し倒さなかったとすれば、なぜ老人を助けたの？」

裁判官のこの一言が、実にみごとに中国人の実態を表わしている。「彭宇案件」以来、中国では倒れた老人に救護の手を伸ばすことが難しくなったと、多くの国民が公言している。

実際中国では毎日のようにこれと類似した事件が頻発している。たとえば二〇〇八年六月十六日、陝西省西安市で二〇歳の青年張昌衡《ちょうしょうこう》が道に倒れている老人を見つけ、助けようとしたが、老人はいきなり張青年に抱きついて、「おまえが私を押し倒した」と主張した。現場にいた人々は皆、張青年は濡れ衣を着せられたと話した。

二〇〇九年二月二十二日、南京市の七五歳の老人がバスの乗り口で倒れたが、乗客は誰もが助けようとはしなかった。そこで老人が「私は自分のせいでころんだよ。みなさんは心配いらないよ」と言ったら、ある乗客が救護した。

二〇一三年四月五日にも吉林省長春《ちょうしゅん》市の財神大廈《ざいじんたいか》の市場の中で一人の老人が脳卒中で転倒した。その場を一七、八人が通りかかったが、誰も助けなかった。ようやく一人が救急電話をして、老人を病院に搬送したようだ。

近年、中国では「転倒した老人は助けてはいけない」という暗黙の共通認識が広がっている。「もしあなたが倒れた老人を見たら、助けるか、助けないか？」という問題で、中国人は、ためらわざるをえない状況である。大多数の中国人はあっさりと答える。「助けない。なぜなら、自分がはめられるのがこわいから」

清華《せいか》大学の教授丁兆林《ちょうちょうりん》は、二〇一一年に評論を発表し、「一三億の中国人が、一人の老人さえ助けられないことは、全社会の悲劇だ」と批判する。「このような恐ろしい冷酷な社会をつくりあげた中国人は全員、人間の失敗作である」と。

■なぜ破廉恥《はれんち》な貪官が多いのか

中国は、全世界でも貪官の数がもっとも多い「貪官王国」であることは常識である。なぜそれほど貪官が多いのか？　普通、政治体制、官僚体制に由来すると分析されるが、しかしそれだけではない。

もっとも本質的理由は、中国的道徳欠如、国民の劣根性から探り出さなければならないと、私は思う。共産主義といわれる理想的看板も、もはや中国人には効用がなくなった現在、信仰も、理念も、霊魂も、良識も、ポイ捨てだ。

そこで、中国の官は、権力と金銭の追求以外、何も目指すべき信仰対象がなくなり、

「今朝有酒今朝酔」（いまその瞬間だけを楽しむ）が一種の生活様式になってしまった。権力と金銭は、もはやある種の理想に到達する手段ではなく、それ自体が追求してやまない目的になって久しい。

当然、それは、道徳、良識、人格の崩壊につながり、官はほとんど手段を選ばず、実利追求、貪汚受賄《たんおじゆわい》、買官売官に奔走し、酒池肉林《しゆちにくりん》で享楽主義に耽《ふけ》り、情婦、二奶（二号）を多数抱えて日々を過ごしている。まさに破廉恥、放縦《ほうじゆう》のきわみである。

「官無廉恥、王法難治」という言葉がある。官吏が恥知らずなら、国を統治することは難しいという意味だ。中国政府では、貪官問題にいくらメスを入れても、際限がない。

近年、広東省茂名《もめい》市の羅蔭国《らいんこく》書記が貪官として取り締まりを受けたとき、吐露した言葉は実に名言である。

「私を貪官といえばすべての官吏は貪官だ。なぜ私だけを取り締まるのか？　私に罪を自白しろと言ったら、九昼夜述べて、茂名市の官界を修羅場にすることもできる！　中国こそ腐敗の温床で腐敗者が腐敗者をひきたて、さらに甘い蜜を吸おうとする。私のような貪官は、誰でも百十数人は告発することができる。全国の官で貪官でない者はあるか！」

確かに茂名市の一〇九名の官員がすべて貪官であった。山西省のある町の町長はもっとも露骨に忌憚《きたん》なく言った。「私は貪汚するために官になった。貪汚しないと思ったら、官にならない」と。

このように、中国の官界は、こうした破廉恥行為があたりまえのことになっている。中国国民の劣根性は、権力、金銭追求の民族DNAを生み、これはもはや構造的であるから、仮に西欧式の民主主義体制を建設したとしても、実質はさほど変わらないだろうというのが、私の持論である。

■「官」への信用度は売春婦よりもはるかに低い

このような破廉恥な貪官、悪官のイメージは、中国国民にきわめて悪影響を与え、基本的に中国の民は官を信用しないのが一般的である。

中国政府の機関誌「求是」傘下の雑誌「小康」の二〇〇九年度の中国信用度調査結果によれば、民衆は妓女《ぎじょ》（売春婦、性的サービス業者）を信用しても、官は絶対信用しない。二〇〇九年六月と七月の間、三三七六人のネチズン（ネット市民）にアンケート調査した結果、もっとも信用できるグループが農民、宗教職業者で、性的サービス業者が第三位になった。

一方で九〇％のネチズンは官報の統計数値などまったく信用していない（「中国日報」）。中国大衆を率いる官の信用度が妓女よりはるかに低い、という結果は、まさに「ブラックジョーク」だ。ジョークといえば近年中国では、ネット上で実に多くが出まわっている。ジョークの素材は、主に性的なものと、政治的なものとに絞られる。

官にまつわる面白いジョークを挙げよう。

中央テレビ局で某市政府の清廉度をインタビューしようとした。そこで市規律検査委員会の秘書が市の各局の局長クラスの人物に連絡するため、理由を言うことなく、ただ「明日、必ず規律委員会へ集まれ」とだけ指示した。

その結果、面白いドラマが展開された。国土局長は大小便を漏らし、心筋梗塞で倒れた。交通局長は当日の夜、夜逃げしてしまった。出国記録によればすでに海外へ逃げ出した。工商業局長は、夜、情婦を殺した。情婦が自分を密告したと思い込んだからだ。衛生局長は服毒自殺した。遺体のそばには自ら書いた検挙リストがあった。財政局長は率先して自ら出頭した。

これで、市の局長クラスは全滅した。その他の貪官もこれを聞いて、不安の底に突き落とされた、という話である。

これらの腐敗きわまる貪官に比べ、妓女は腐敗も、不正もない。ただ自分自身の体で金を稼ぐ誠実な人間である。妓女を信頼しても、貪官は信頼できるはずがない中国は、誠実度でも最後進国といえるだろう。

■「新烈女」はいかに誕生したか

中国には「官で貪官でない者はいないし、貪官で酒色に耽溺《たんでき》しない者はいない」という新しいことわざがある。

「公務の娯楽化」が盛んで、公務時間内にも官吏はキャバレーやカラオケ（一種の飲み屋）、洗浴中心（大衆銭湯より高級な施設）で飲酒歌舞に耽《ふけ》り、公然と買春を行なう。河南省のある官吏は、頻繁な上級接待で飲みすぎて死亡した。湖北省のある銀行の官吏は、二〇年も毎日接待で飲み、アルコール依存症で痴呆《ちほう》になった。

「革命の酒は毎日飲み、革命の女は毎日抱く」という中国の諷刺詩が示すとおり、酒色は、中国官人の仕事内容そのものでもある。

そうした中、官の酒色に反抗して「新烈女」が誕生するある有名な事件が発生した。二〇〇九年五月十日、湖北省恩施《おんし》土家《トウチャ》族苗《ミャオ》族自治州。鎮の政府官吏の鄧貴大《とうきだい》、黄徳智《こうとくち》、鄧《とう》中佳《ちゅうか》の三人は、鎮内のホテル内にある娯楽施設に行き、ホテルの従業員である二二歳の女性鄧玉嬌《とうぎょくきょう》に性的サービスを要求した。断られた三人は、激怒して鄧玉嬌を強姦しようとした。

鄧玉嬌は、はさみで鄧貴大を刺し殺したが、正当防衛で刑事処分を免除された。この「鄧玉嬌案件」は、全国的に大きな議論を呼んだ。

鄧玉嬌は、自ら女性の尊厳を守った女豪傑と称賛され、多くの国民は鄧玉嬌を「現代烈女」と呼ぶことになった。死亡した鄧貴大は、酒色に耽った無法の貪官として非難された。ある新聞によると、検挙された中国の貪官汚吏は、その九割が、下半身の問題で前科があり、六割が二奶（二号）、三奶（三号）を持っているそうである。しかも公金で買春したり、二奶、三奶を扶養している。

また、興味深いことに貪官の大部分は、その二奶、三奶の告発によって、ばれたようだ。たとえば高官であった陣紹基《じんしょうき》、許宗衡《きょそうこう》、文強《ぶんきょう》、雷政富《らいせいふ》は、すべて情婦の暴露によって検挙されたのである。

■「私を情人にしてください」とその女子大生は言った

中国はまさに「男盗女娼」の社会である。「男盗女娼」とは、文字どおり、男は泥棒（悪党、奸雄《かんゆう》）、女は娼妓（売春婦）、男も女もろくでもない、ということだ。

二〇一三年の新年冒頭、中国のネットを騒がせた「衣俊卿情史《いしゅんきょうじょうし》」事件があった。主人公、衣俊卿《いしゅんきょう》は、中国中央編訳局局長でマルクス理論研究者の学者型官僚として知られていた人物だ。

彼の情婦の若手研究者常艶《じょうえん》の告発によって、衣氏は免職されるはめになった。ネット上で発表した常氏の一二万字もある告発文は、小説のように彼らの「情史」（恋愛、情事のいきさつ）を活写し、淫乱な生活態度、生き方を全国に暴露した。

「五〇代の衣氏はマルクス哲学の研究者型高級官僚として、口頭でいつも標榜していた節度ある生活態度と真逆の生活を送っていたことが暴露され、一夜にして転落した」（ネット評論）

衣氏は、一般庶民出身の官僚として、確かに有能で知性もある官であったし、彼に対して同情を感じたネチズンも少なくなかった。

情婦を複数持っていると公然と自慢する、中国のバカ官人と比べれば、衣氏は確かに知的でましなほうである。「彼の不幸は、相手の選び方を間違えたことだ」というネチズンもいる。女のほうも自ら情婦になることで、自分の昇進などをもくろんでいたことは事実である。中国の女性が、官や富者の情婦、二奶になることで、富貴や安逸を摑《つか》もうと狙うのは、もはやありふれた現象になっている。

二〇一一年のこと、中国の大学での講演終了後、大学生たちと雑談した際、ある女子大生に「いま中国の大学教授や作家、文化人は公然と情婦、二奶を持っていますが、金先生は情婦か二奶を何人持っていますか」と聞かれた。私は苦笑するしかなかった。

そして、彼女はこう続けた。「もし、金先生に中国の情人がいないのなら、私を情人にしてください」と。

唖然とした私は、泣くことも笑うこともできなかった。

「貪官」は、もはやめずらしい言葉ではない。近年はネット上で「淫官《いんかん》」という新造語が流行している。二〇一三年二月三日、中国語サイトによれば元鉄道省の腐敗大臣、劉志《りゅうし》軍《ぐん》が、ドラマ『新紅楼夢』に出演した一二名の美人女優すべてと性交渉があったと報じられた。このことで、「中国近代史上、淫官の新記録を達成した」と「凱迪网络」サイトは非難している。

インターネット上では、中国の各級淫官が、二奶との性行為の現場を撮影した写真が近年爆発的な大流行をみせた。

男は悪党、淫官であれば、女も自ら「献身」する女娼。これが現在の新中国の社会の現実でもある。改革開放後、性はもはや隠密なプライバシーではなくなり、一種公然のものとなった。「男盗女娼」こそ現代中国人の一種の生き方そのもの、文化の一つとなってしまったといえよう。

■貧乏を逃れるためには売春しても恥ではない

「笑貧不笑娼」は中華人民共和国以前の旧社会の中国を非難する言葉として、毛沢東時代に使われていた。貧乏はあざ笑われるほど恥だが、娼(売春、性的サービスなど)は恥ではない、貧乏を逃れるためには売春しても恥ではない、という意味である。

しかし、二十一世紀の中国もまた「笑貧不笑娼」の世界だと中国知識人たちは嘆く。気鋭の若手作家、韓寒《かんかん》は、今日の中国を指して、こう直言している。

「我が国の女は金持ちを抱きかかえ、金持ちは官吏を抱きかかえ、官吏は富豪を抱きかかえ、富豪は美女を抱きかかえている」

二〇一一年五月二十八日、「凱迪网络」の報道によると、北京のある結婚恋愛教育センターで、もっぱら女性たちにお金持ちの奥さんになれる方法を教えるクラスを開講した。クラスの担任の教官は、開口一番、単刀直入にこう述べた。

「いまの時代には、何を講義しても興味を持たれないが、『いかに富豪に嫁入りするか』の教育カリキュラムを打ち出すと、開講数カ月で三〇〇〇名の女性受講者が集まってくるのだ」

北京にあるこの徳育女学館は、カリキュラムが多種多様で、個人のイメージメークをはじめ、人相見、レストランでのマニュアル、音楽療法、美容法からテーブルマナーまで含まれている。

学費は三〇時間で最低二万元（約三〇万円）と高額だが、もしこれによって富豪の夫人になれたら、充分元手はとれるというわけだ。午前中の授業が終了すると、午後は富豪や富二代（二世の富豪）が多数教室に訪れる。ところが面会するには紹介費として三万元を前払いするシステムだから、業者は、男女両方からぼろ儲けすることになる。

現在中国では、女性の「富豪への嫁入り」は新興産業として浮上し、財と貌（美女）の交易は中国人の既成の価値観に大きな衝撃を与えている。

「男は富で美人の心を虜にし、美人は色で富を掴む」中国で、ある女性がテレビで公言したように「ＢＭＷの中で泣いても、自転車の上でロマンスはしたくない」。

現在「笑貧不笑娼」の中国では、小説よりも奇怪なる事件が次々に起こっている。

二〇一〇年九月十九日「凱迪网络」の報道によると、九月十五日、江蘇省常州《じょうしゅう》市の警察は、私娼窟を摘発した。業者の毛氏夫妻は三人の若い売春婦を雇っていた。

ところが、びっくり仰天させられたのは、その三人の売春婦の中の一人、一六歳の女性は毛夫妻の娘だったことである。そしてあとの二人の女性も毛氏の姪であった。警察の尋問に、毛氏夫妻は、こう告白した。

「私たちの村では『笑貧不笑娼』だから、一六の娘と二人の姪をつれて、都会にきて金稼ぎをしていた。彼女らが若いうちに、たくさん儲けて田舎に帰って良い男に嫁入りさせるんだ」

物欲、拝金主義の横行する中国では、貧富の格差が広がる中、天と地の両極世界で生存している中国人は誰もが、天の生活にあこがれるわけである。貧者のもっとも手っ取り早い手段は、男は盗（悪党、泥棒）になり、女は娼（売春婦）になることであろう。

旧社会では、誘拐や強制的な行為から売春の世界に入るのが主だったが、現在は、自ら好んで富への近道として女性たちが選択する。「小姐」という教養のある「小嬢さん」を意味した呼称さえも、いまや「娼妓」に相当する呼称となった。

■地方社会は役人と金持ちが作る梁山泊《りょうざんぱく》になっている

海外生活が長い中国人は、中国へ帰るたびに、人と会って話していても、話が合わないと異口同音にもらしている。

私もその中の一人である。昔の知人や友人たちと会話を交わしても、下流層は卑屈で世界情勢に対して無知であり（これは当然であるから、まあいいと思うが）、上流や知識階層の人であってもすっかり物欲に浸かり、精神的に低層になってしまった者が少なくない。

ことに、上流あるいは中流に属する人や、地位のある官になった知人の傲慢放恣《ごうまんほうし》な態度、言辞《げんじ》はきわめて不快感を覚えざるをえなかった。

大学学部長か会社の課長、あるいは地方のある部門で責任者になった彼らの、公金での接待ぶりは日本では想像できないほど豪華だったし、その権力をふるう傍若無人《ぼうじゃくぶじん》ぶりは並みのものではなかった。

中国の職場、官公庁、大学などは国立、公立であり、公金を乱用するスケールは、日本よりはるかに大きい。中国の一つの職場、一つの部門は、まるで一つの独立王国のように権力、金力を行使する。

官になったある友人は、酒場で私にこう言った。

「金さんの頭脳や力だったら、中国に戻ってもいくらでも官になれるよ。なぜ中国へ戻らないの？　日本ではこのように公金も使えないだろう……」

彼の言葉や態度には、いまＧＤＰ世界第二位の経済大国になって自信に満ちた優越感がたっぷりあった。しかも、権力や地位を手に入れた地方官吏の強烈な自己中心的優越感。

中国の官や金持ちたちは、ある意味、各自「梁山泊《りょうざんぱく》」の砦《とりで》を形成しているのである。

ある下層の官は、当該地区で公権力を行使して大金を私物化し、しかも酒池肉林ぶりを発揮して、毎週のごとく女子大生を物色してベッドインし、処女ばかりを「大食い」した。

ある地方の秘書長は、二〇〇人の女性や二奶と買春行為をし、ある官は自分と情婦や売春婦との性行為のシーンを写真に記録したり、また自分の情事を詳細に日記に記述した者もいた。

地方社会では、古代の皇帝のように「後宮」を置き、まさに皇帝のような奢侈な生活を送っていたのだ。

彼らによって、中国は梁山泊化している。『水滸伝』の好漢たちは、梁山泊を独占し、自由奔放に快楽に耽溺《たんでき》していたが、現在中国の地方、下層社会は無数の貪官、淫官によって、あるいは自信満々の官吏によって、無数の梁山泊と化しているのではないか。

地方の官は、法や権を乱用して、好き勝手に享楽に耽り、百姓の上の「小皇帝」として跋扈《ばっこ》する。

■なぜ中国人は同胞に対してもっとも悪辣《あくらつ》なのか

近年中国では、抗日（日中）戦争ドラマがブームになって久しい。ドラマに登場する日本軍は、中国人の百姓を殺害、強姦し、人間の皮まで剝《は》ぐといった極悪非道な行為を繰り返している。

しかし、現在、平和な時期に、中国人にもっとも悪行を行使するのは、中国人自身だと指摘する中国知識人が少なくない。著名な評論家の孔捷生《こうしょうせい》は、ずばりと「現在の中国人は、中国人に対してもっとも悪辣《あくらつ》である」とあるコラムで喝破《かつぱ》している。

孔氏は、その中でアメリカの中国駐在記者マック・グレゴルの言葉を引用している。「もしもあなたが、中国人が外国人に悪くすることや外国人が中国人に対して悪いと悲しむとき、次のような現実を考えればある程度慰められるかもしれない。つまり中国人に対してもっとも悪辣である」

私もこの指摘に同感だ。なぜなら、現在も一時帰国するたびに常に見聞きするからである。故郷瀋陽市のある青空市場でのことだ。早朝から市場に来ている農民たちは、自作の野菜を売っていた。

ところが城管（都市管理）の役員は、ある農民が指定区域でない場所で販売をしたと言って、その農民を殴打した。

「誰が貴様にここで売れと言った？　俺の話は法律だ、この畜生め！」とその役人は純朴そうな農民を顔が血だらけになるまで殴った。そして「貴様のようなやつは人間ではない……。俺は話を聞かないやつは、いくらでもやっつける」と叫んだ。

このように中国では、農民や農民工が、人間としての尊厳も無視され、踏みにじられるのは、ごく普通のことである。

「中国人は人間ではない、とくに農民や基層の百姓は蟻のように扱われる」とある中国知識人が言ったとおりだ。

このように官が民の人格的尊厳を蹂躙《じゅうりん》することは、中国では日常的である。そして、もっとも悲劇的なのは、当の農民自身もまた人間としての尊厳意識に欠け、自ら守ろうともしないことだ。

■経済成長が後押しした「富尊貧卑」

「尊厳」というものは人間の人権より大切な、人間として人間であることを保障する基本であるはずだ。

しかし、大抵中国では尊厳の意識すら希薄であり、人々は尊厳を保ちながら生存する態度に欠けている。

悪辣な官の悪行はさて置き、一般国民も自ら尊厳を知らない。中国では人間を人間として尊重するか、しないかは身分や貧富によって大きな格差がある。

これも、私の体験した事例だ。私のある友人は、近年富豪になって気前がよく、自信満々である。私が帰国すると豪華な宴会を開いて、歓待してくれるのだが、レストランの従業員に対する傲慢な態度は、まるで皇帝が庶民に対するようで、きわめて高圧的であった。

大きな声で、「これ持って来い、あれやってくれ！」という友人は従業員を奴隷のようにこき使っていた。女性のホール係員にはタバコの火をつけてくれと要求したり、肩をもんでくれなどと無理な要求もした。

傍《かたわ》らで友人の行為に苦笑していると、友人はこう言った。「こいつらは、俺が金を出すんだから俺のお使いをすることはあたりまえだよ！」と。

日本での生活が長い私は、友人の言動には、きわめて強い嫌悪感を覚えた。日本ではいくらホール係であってもその仕事やその人間の尊厳は尊重され、職業や貧富、地位身分の差によって人間の人格や尊厳を公然と踏みにじることはまずありえない。

中国では、一般農民の尊厳は蔑《ないがし》ろにされている。官尊民卑、富尊貧卑の観念は、中国人の尊厳を蹂躙する元凶である。

ことに、この三〇年来、拝金主義、物欲主義の膨張によって、富者は、権力者同然の威力を享有することになり、富者が一般人に対して人格的尊厳を踏みにじっても、問題にされないし、される側も、黙ってされるがままになっている。

■中国人最後の面子が崩壊した事件

二〇一一年十月二十三日、広東省深圳市で楊武《ようぶ》という男が、警備隊員の楊喜利《ようきり》に強姦されていた目の前の妻を助けなかったという事件があった。

楊武は三一歳の農民工、妻の王娟《おうえん》は二九歳の農民工であったが、二人は安徽省の農村から深圳市内に移って小さな電器修理屋を経営して生計を維持していた。

町の警備隊長で悪党の楊喜利は酒に酔った勢いで、当日夜八時ごろ楊武夫婦の家に来て、警棒で家具を打ち壊したり、「おまえらを殺す」と叫んだ。楊武はすぐ倉庫兼用の小屋へ隠れてしまった。

楊喜利は王娟に暴力を振るい、二時間にわたり王娟を強姦した。しかし、怯《おび》えた夫楊武は、自身の安全を先に考え、妻を助けようとしなかった。

この事件は全中国社会を震撼《しんかん》させた。楊武はメディア記者のインタビューで、泣きながらこう告白した。

「楊喜利は日頃より、私たち無力な弱者をいじめてきた。身長一六〇センチたらずの私は一八〇センチの彼の相手ではなかったし、報復を恐れて、警察に申告しなかった……。楊が妻を強姦しているときに、私は刀をもって彼を殺したかったが、四人の子供と老母を扶養する身なので、もし私が殺人で投獄されるなら、大変なことになるとがまんした……」

最後に、楊武は、携帯電話で警察に通報した。数分後、警察が駆けつけてきたことでやっと悲劇は終わった。

ネット上には、楊武の卑怯さに、非難と同情が殺到した。

これに対して著名なジャーナリスト何清漣《かせいれん》は「中国人最後の面子が崩壊した楊武事件」という文章を発表し、金銭のため、生存のため、人間の尊厳までも捨てさる中国人の劣根性を批判している。

「事実上、強権と暴力の前で、楊武のような態度をとる卑怯な者は、多数おり、楊喜利同様、小さな権力すらも濫用《らんよう》して虎の威を借る狐のように振舞う者も多数いる。中国人の中には、このどちらかに属する者は少なくない。（略）楊武事件は、人間の尊厳に関わっている。しかも、人間が人間としていられるための最低限の尊厳。楊武に対して、私は『彼の不幸を悲しく思うばかりでなく、また彼の怯弱《きようじやく》ぶりに憤りを感じる』としか言えない。

人々が無数の理由を挙げて、彼に理解や同情を示しても、二時間にわたり妻が目の前で他者に強姦されているのを、阻止できなかったことは、妻を裏切ったことである。彼は自分の最後のわずかな尊厳さえもポイ捨てしたのだ。

しかし、楊武の卑怯、弱者ぶりが見せた自分の生存を人格、尊厳よりも大切にするという特質や観念は、彼の生まれ育った中国社会がつくりあげたものである……。ここまでくると、社会も人間同様に病を患《わずら》っているとしか言えない。相当の人間がすでに一般的良識を喪失してしまった。人間としての生命の意義が尊厳であると分からないことが、病の根底にある」（博訊新聞网）

■「上等人」「下等人」の考え方が復活した

二〇一二年の夏、中国であったことである。新聞社の主任記者の友人の接待で、瀋陽市内のあるマッサージ店に入った。内装も相当華やかな店内にはマッサージ小姐と呼ばれる若い女性が数人いて、指名制になっていた。

友人のおなじみの女性ともう一人の女性を選んで、同室で私たちはマッサージを受けた。その女性たちと会話中、彼女らが地方の農村部から出てきたことや、一〇歳の子供を家に置いて出稼ぎに来ていることを聞かされた。そして、私にマッサージをしてくれた女性の言葉が、私を驚かせた。

「あなたたちのような上等人がうらやましいよ。どうせ私なんか、下等人だから、こんな卑賤《ひせん》な身分に合う下賤な仕事しかできないんだよ」

日本に帰ってきて、その女性の言葉をかみしめることになった。

「上等人」と「下等人」、まさに現代中国の尊卑の観念と等級社会を反映した単語ではないか。改革開放後、とっくに死語になったと思っていた「上等人」「下等人」の単語が復活したのである。

この三十余年来、貧富の格差、官民の格差は、中国人社会に両極分化をもたらした。いわゆる「上等人」は権力層と富裕層と、知的エリート層を指す。しかし昔は、このエリートは人格者であったけれども、現在のエリートは必ずしも人格者ではない。

中国の「上等人」の特質は経済的エリートの独立性が確立されないため、権力者と結託し、また同時に権力を利用することである。また政治的エリートは経済的エリートを自分の実利の確保に利用し、知的エリートたちも独立性よりも政治権力の後ろ盾を得て、自分の知的生活を満喫している。

「下等人」は、経済的にも、政治的にも、知的にも何も成功していないので、きわめて大きな不平不満を抱き、「上等人」に対して羨望《せんぼう》しながらも敵視する奇型的精神構造を形成している。

彼らにとって、「上等人」から受ける高圧的差別、威圧、傲慢な視線、言動は、「この中国社会は、すべてを権力者、富裕者、知識人が独占する、われらとは無関係な世界であり、われらはただ生きるという欲求に忠実であればいい」という冷ややかな世界観、人生観を形成させた。

■日本の「下等人」になっても、中国の「上等人」にはなりたくない

近頃、東京の飲食店で働いている中国人の知人からメールがきた。「来日五年の体験で、私はもはや中国が嫌いになった。そこで、私は、日本で『下等人』になろうとも、中国の『上等人』にはなりたくないと決めた。やはり何と言っても、日本は住みやすい良い国だから」

私は笑った。来日前は、「激烈な反日家」と自称し、私と会うとよく日本批判を展開した彼が、五年の日本での生活の中で、こんなにすっかり「変節者」に成り果てるとは、全然想像できなかったからだ。

中国人の等級観念は、いまの若者にもきわめて強いし、中国式の思惟《しい》方法で、知人は日本の中の「下等人」という表現を用いたのである。

考えれば、日本にも当然人間社会である以上、程度の差はあるにせよ、等級観念が存在するのは否定できない。総理大臣と新宿のホームレスとの間の格差はあって自然であろう。

しかし、中国式の等級観念で、日本社会の「上等人」と「下等人」を峻別《しゅんべつ》せよと言っ

ても容易にできることではない。当然伊藤博文《いとうひろぶみ》、福沢諭吉、川端康成《かわばたやすなり》、松下幸之助《まつしたこうのすけ》などなど政治、文化、経済のエリートはいわゆる「上等人」の中の優等生だろう。ところが、優劣関係はあっても、総理であろうが、ホームレスであろうが、刑務所の服役者であろうが、人間と人間の人格尊厳は相当尊重されているのが事実である。

数年前に刑務所を見学したが、そこでは中国の刑務所や労働改造牢獄の中で毎日繰り返される肉体的拷問や女性犯罪者を裸で人前にさらすような人間尊厳の侵害は、絶対に見られない。日本の刑務所の人的待遇があまりにやさしいので、自ら罪を犯して刑務所生活を「享受」しようとする中国人が現われるほどだ。

日本では、いくら肉体労働に従事する者であっても、差別や人間の尊厳を犯すような観念は存在しない。

私は、日本のみを美化する気は毛頭もない。しかし、確実に言えることは、日本は世界のどの先進国に比べても、人格への尊重、平等観念は、きわめて強固である。

■なぜ「来世には中国人として生まれたくない」のか

あるショッキングな調査結果が公表された。

二〇〇六年九月四日、中国大学サイトの「網易」傘下の「網易文化」が「もしも来世があるとしたら、あなたはまた中国人になりたいか?」というアンケート調査をした。その結果七〇%の人が「来世には中国人になりたくない」と答えた。

そして二〇%の人が「現世でも中国人になりたくない」と答え、「来世も中国人になりたい」と答えた人は、わずか一〇%にすぎなかった。

「中国人になりたくない」理由は簡単だった。「尊厳なし、希望なし、公正なし」の「三なし」である。

その後がまた面白い。もともとこのネット上の調査は、ある期限を切って締め切る予定だったのが、この結果を見て、一カ月も前倒しして強制的に終了させてしまった。そして政府が内容をすべて削除し、強制終了した翌日に「網易」のニュース主筆と評論主筆が解雇されるという事態に至った。

香港の評論家鍾祖康は、このタイトル『來生不做中國人(来生には中国人になりたくない）』で、その翌年に中国を批判する書を出版し、ベストセラーになった。

当然この本は中国大陸では禁書であるが、私は台湾の留学生から買ってもらったものを読んだ。中国の現実を批判した快著であった。

■人間の幸福を剝奪する国

七〇％の中国人が「来世には中国人として生まれたくない」という数値は、中国人の七一％が「幸福感なし」とする調査結果の数値とも一致している。

二〇一一年、中国社会科学院と首都経貿大学の共同調査分析報告の「中国三〇都市生活質量調査報告」によると、三〇の省政府所在都市（チベット・ラサ除外）の市民で自分の生活の質に対して満足を示したものは一人もいなかった。

これら三〇の省都の生活質の主観数値は平均四九・七一点で、もっとも高い海口《かいこう》市でも五五・〇八点にすぎなかった。市民の生活の質の満足点は七五点以上であるのに対して、結果はきわめて悲観的であった。

このデータは、中国人や政府を失望させた。中国はずっと九％程度の経済成長率を保有し、そのめざましい発展ぶりは世界の羨望と嫉妬すらも招いた。

しかし、当の中国人は、この経済の発展速度とは比較にならないほど、幸福になったという実感は乏しかったのだ。

二〇一一年の米世論調査企業ギャラップの調査でも、中国人の幸福度指数は落第の点数であった。世界一二四の国の中で、デンマークは八二％の国民が自分は幸福だと自覚しているのに対して、中国はわずか六％でしかなく、ほとんど最下位であった。

最近の世界価値観調査（ＷＶＳ）の研究結果によれば、中国人の幸福、快楽度指数はＧＤＰの上昇によって、上昇したどころか、むしろ下降したという。

先述のギャラップ調査結果で分かるように、中国人の幸福度指数は大部分低いレベルであるが、当の調査は三項目に分けて実地された。つまり①「ますます上昇」、②「僅々得《きんきんとく》生《しょう》」（辛うじて生きる）、③「非常に苦しい」である。しかし、皮肉にも経済がますます成長すると吹聴する中国では、①がわずか一二％、②が七一％、③が一七％であった。

②と③を合わせれば八八％の大多数の国民が、幸福感のない生活を送っていると分かる。

「ますます上昇」するとする一二％の数値は、アフガニスタンとイエメンと同じである。

七一％の「僅々得生」の比率はガイチやネパールと似ていた。一七％の「非常に苦しい」の比率は、スーダン、パレスチナ地区やイラクよりも高かった。「ＢＷＣＨＩＮＥＳＥ中文网」のコラムニスト余豊慧《よほうけい》は「なぜ中国人は幸福でないのか」というコラムの中でこう述べている。

「都市部には高層ビルが林立し、地下鉄、モノレール等交通手段はますます発展しているにもかかわらず、外出はますます困難になり、都市の緑地はますます狭くなり、新鮮な空気はますます希薄になり、汚染はますます大きくなっている。加えて、学校の学費が高いため勉学も困難になったし、病院の医療費が高いため、病気の受診、治療も困難になっている。

社会的福祉が欠如しているため、幸福感なんかどこにあるものか？　あるのは『危機感』であり、生活の圧迫感のみである。分配の不公平きわまる状況は、すでに各種の社会矛盾を露出させ、社会の両極分化を推し進めるため、市民の幸福感を略奪しつつある。

経済発展の目的は、人民の高まる物質文化のニーズを満足させ、人民の生活の質と生活感を向上することにある。しかし、三〇都市の人民が幸福感なしであることは、すでに中国の経済発展の目的に違背していることを明らかにしている。もしこの状態が続けば、大

多数の人民の不満をますます高め、社会問題を醸成するだろう」（ＢＷＣＨＩＮＥＳＥ中文网）

■なぜ中国人の年間自殺者は世界最多になったのか

かつて日本は、世界でも自殺率が高いことで有名だった。しかしいまや中国が日本を上回る自殺大国に変貌している。

一般的に中国人には、日本人と違って自殺に対する美学が存在しない。心中《しんじゅう》文学もほとんど存在しない。現世の生をもっとも大事にする中国人が、もっとも忌避《きひ》すべき死を自ら選ぶのは、いったい何が原因なのか？

二〇〇七年の初め、北京心理危機研究予防センターは、「わが国の自殺状況とその対策」という研究報告書の中で、世界の毎年一〇〇万人いる自殺者の中で、四分の一強が中国人で年間二八・七万人に上る、と発表した。

この報告書によれば、自殺は中国人の死亡原因の第五位になり、一五～三四歳の死亡原因の第一位であるとする。自殺の四割が経済的貧困によるものだ。

年間平均二八・七万人の中国人が自殺により死に至り、約二〇〇万人が自殺未遂を起こしているという。しかも一六・二万人の子供が自殺によって父か母を失っている。子供や家族に対する心理的ダメージもきわめて大きいとされている。

「中国式自殺」という表現を用いるほど、中国の自殺には、特徴がある。自殺者の七九％は農村の経済的貧困地方の者で、うち二八％は文盲である。

自殺方法は主に農薬や殺虫剤、ネズミ駆除剤を服用することである。自殺者の六三％が精神的障害を患っているし、女性の自殺率が男性を上回っていることも世界唯一の特徴である。

自殺者の七九％が農村の貧困地域に住んでいる者であることとは、貧富格差のある中国のきびしい実態が背景にある。前出の余豊慧のコラムの指摘どおりに貧困からくるストレス、病的精神状態は、これら農民たちから生活の幸福感どころか、生きる希望や意味すらも奪ってしまった。

「経済大国」と「自殺大国」。中国人を不幸にするこの社会。

だから七〇％の中国人は、生まれ変わっても中国人にはなりたくないと思っているのである。

第五章
「道徳砂漠」の大国

■民度はどこまで低下したのか

民度の低い群れを指して、フランスの社会心理学者ル・ボン（一八四一―一九三一）は「群氓《ぐんみよう》」と称した。

平明な言葉でいえば、些細な実利のため悪知恵を働かせたり、犯罪まではいかずとも、目先の小さな利益に目がくらんで阿漕《あこぎ》なことをする人々のことである。

彼らは、ルール無視、信用不在、道徳低劣な行為を日常茶飯に行なうので、結果としてその社会に、きわめて重大なマイナスの影響を与えることがある。

しかも、その首謀者がいるわけでもなく、集団的に大勢でがやがやしているばかりなので、その一人ひとりは大した悪人とは言い難い。まさに「平凡な邪悪者」である。

このような「平凡な邪悪者」の群れである「群氓」は、中国にはいくらでも存在する。

一例を挙げよう。「人民网」によれば二〇一二年十二月二十七日午後一時頃、甘粛省《かんしゆく》の柳忠《りゆうちゆう》高速道路の入口で貨物トラックが横転する事故が発生した。死傷者はいなかったけれど、トラックに満載した蜜柑《みかん》三〇トンが道路からこぼれ落ちて道路脇の農地に散乱してしまった。

うわさを聞いた附近の村民たちは、たちまち農用三輪車を運転し、あるいは大きな農用袋や籠《かご》などを持ってどっとやってきて、現場に散乱した蜜柑を拾い集めて逃げた。四、五〇人の村民はまるで自分たちが経営する果樹園で果物を拾いあげるように夢中になって拾い集めた。

トラックの運転手である李さんがいくら止めても、村民たちは傍若無人《ぼうじゃくぶじん》。結局当日の損害額は一〇万余元（約一七〇万円）にも達したと李氏は訴えていた。

中国の最底辺で暮らす農民を、善良で素朴だと知識人は同情しているが、中国の農民は無知蒙昧《むちもうまい》であるばかりではなく、彼らは一種の「群氓」で「平凡な邪悪者」でもある。

そして、彼らは、一種の限られた時空内で、自分たちの目先の利益、些細な実利を得るための悪知恵、小知恵はきわめて発達しているのである。

民度の低下、卑劣たる放縦は農民の特徴でもあろう。私は無知な彼らには同情できても、民度の低下には決して同情できない。おそらく、世界最貧国と比べても、中国の農民の民度は最下位の水準であることは間違いないと思う。

■公徳心はどこにも見あたらない

低下したのは農民の民度ばかりではない。

都会の市民も、農民とちっとも変わらない「平凡な邪悪者」であると言わざるをえない。

二〇一三年の二月三日、「新華网」のニュース報道によると、上海の北翟路《ほくてきろ》と剣河路《けんかろ》で「群衆が風に舞い散るお金を奪い合う醜態劇が発生」した。ある農民工が銀行から一万八〇〇〇元の年収を現金で引き出して、銀行を出たところで、滑って転倒した。

そして手持ちのお札が強風に舞い散った。そこを歩いていた人々は町の真中でお札を奪い合い、あっという間に現場から逃げてしまった。警察が駆けつけた頃には三〇〇〇元しか残っていなかった。その農民工は、見知らぬ群衆たちにお金を奪われる光景を見ながら、途方に暮れるばかりだった。

農民工のお金を拾って去っていった人々は、自家用車の人、バイクに乗った人や歩行者で、比較的富裕層であったと報じられた。農村の貧民と上海の都市生活者の民度のレベルがまったく同じなのは、これまた仰天させられる話である。

経済は急速に発展しても、人々の社会的公徳心は低下しているのが、現代中国の実態である。小さな実利に目がくらみ、皆が一緒にやれば、法的責任から逃れられるという安易な心理で、中国では、白昼でもこのような非道徳的人間劇が何のためらいもなく展開されるのだ。

かつて、梁啓超は中国人の公徳心に関する進化グラフを作成したことがある（一九〇二年）。彼によれば、春秋《しゅんじゅう》時代から二十世紀に至るまで、基本的に下降の一途を辿り、近代になってもさらに低下したという。

■世界的企業アムウェイはなぜ上海で惨敗したのか

世界は、中国人特有の国民性、ずる賢い陰湿な劣根性にはきわめて無防備であり、不慣れである。鞠佳《きくか》という上海の知識人の文章（二〇〇九年）によると、数年前上海に進出したアメリカのアムウェイは、中国の市場の大きさに、大いに期待した。上海に入ったばかりのこの企業は、欧米で通用した自社のシステムをそのまま上海で適用しようと事業を展開した。

そこで「理由不問の製品全額返金」を実施した。理由にかかわらず、顧客が製品を使用してみて不満足だったら、一本のボディシャンプーでも、中味が一滴も残っていなくても、その容器さえあれば、それをもって全額払い戻すことができる。

このシステムは欧米では、定評のある信用ブランドのシンボルであった。しかも欧米では返品はわずかであった。

しかし、中国では違っていた。中国人たちは、あっという間にアメリカ人を慄然《りつぜん》とさせた。多くの中国人たちは買ったばかりのアムウェイ製品を、別の容器に半分以上入れ換え、それを自分で使用した。そして中味が半分あるいは空になった容器を持って行って全額払い戻しを要求したのだ。

上海で開業したばかりのアムウェイ社の前には、毎日朝一番から全額払い戻しを求める長い列が跡を絶たなかった。

アムウェイの社員たちは、その真相が分からなかった。半世紀も持続してきたアムウェイ企業帝国のシステムが、西洋では有効だったが、なぜ中国ではこんなにも巨額な返金に遭遇しなければならないのか？

ある日など、払い戻し額が一〇〇万元（約一七〇〇万円）に上ったこともあった。アメリカのアムウェイ帝国は上海で惨敗を喫した。そこで、中国ではシステムを変更したという。

アムウェイ帝国は、ずる賢い上海市民たちに振り回された。上海市民たちは自分たちの小知恵に騙《だま》されたアメリカ人をあざ笑ったそうだ。

「ほら、このバカなアメリカ野郎め！」

■進化を止めた一三億の阿Qの子孫たち

しかし、考えてみると、世界基準のルール、普遍的価値観、道徳心からすれば、嘲笑《ちょうしょう》の対象は、むしろこれら中国人である。

中国人は一〇〇年前の阿Qの陋習から脱皮していないどころか、さらにその陋習を全国民的範囲に発展、拡大させているのだ。自分たちの目先の実利ばかりを追求して余念のないずる賢さが、世界的に嘲笑の対象となっていることを彼らは知らない。

折しも、いまから八十余年前に日本人が書き残した著作『裏から見た支那民族性』（笠井孝・一九三五年、日本外事協会刊）の中にも、中国市民の実利のために小知恵を働かせる実例を見つけた。
一世紀近く経っても、進化しない中国人の劣根性にはただ唖然とするばかりである。その本の中で、著者は次のように述べている。

「下層の民衆の實利主義では、さらにヒドいのがあり、思はず噴飯させられることさへある。日獨戰爭《にちどくせんそう》（著者注・第一次世界大戦）後であつたが、日本が、山東省李村《りそん》の民政署で、無料施薬を爲したことがある。支那人の習性としては、水薬よりも丸薬よりも散薬を好むものであるのに、彼等の多くは、何れも水薬を希望するので、これ畢《ひっ》竟《きょう》我が醫薬《いやく》を、信頼するものであらうと信じて居たところ、意外にも毎月二回の市日《いちび》には、夥《おびただ》しき古薬瓶が、市場に販賣取引されるに至り、そこで彼等が水薬を希望したのは、薬瓶が欲しかつたのであつたことを知つて、思はず吹出したことがある。如何にも民度の低い、生活程度の下卑た、支那人の仕さうなことであるとは云へ、彼等が如何に實利本位に、透徹《とうてつ》して居るかは、これでも分る。

従つて支那人を研究するには、この利己、實利と云ふことを見逃してはならぬことになるのであるが、これは支那人を通じての性癖である。すなはち上は大總統から、下は乞食、苦力に至るまで、彼等の行動の基調を爲すものは、利己、實利、我利である。如何なる場合にも、彼等の進退は、自己の利害を度外視して、行なはれるものではない。彼の排日排貨も、愛民、愛國運動も、一寸見ると、大義名分に透徹して居るやうであり、團結や、統制があるやうに見えるが、實はそれ〴〵自己の取引なり、商策なり、賣名《ばいめい》から出た實利本位が、その基調を爲して居るのである。このことに就いては、筆を改めて述べるが、この點《てん》は我々日本人と、大いに異なつて居るところである」（笠井孝『裏から見た支那民族性』）

一〇〇年前当時の、魯迅の描いた阿Qのずる賢さは、ただ狭小な地方の範囲でのことだったが、現代の中国人は、広大な中国だけでなく、国際的な時空でも、その劣根性を思う存分に発揮して、世界的に大恥を晒《さら》している。

当の阿Qも、地下で自分の子孫たちがこんなにも世界的な恥知らずになったことを知ったら、おそらく慌てて叫ぶだろう。

「きさまら、もういい加減にしてくれよ！」と。

■飛び下り自殺をそそのかす野次馬たち

目先の実利に目がくらんだ、ずる賢い中国の膨大な「平凡たる邪悪者」を、魯迅はかつて「看客」(野次馬)として批判したことがある。

野次馬は確かに中国の食人、虚言、泥棒、纏足《てんそく》などと同じように中国の畸形《きけい》文化の一つになっている。どこの国にもある程度の野次馬がいるが、中国のように一種の普遍的文化にまでは昇華していない。

二〇一三年三月五日、広州市白雲《はくうん》区で、ある中年男が同郷の誣陥《ぶかん》で自殺を選んだ。黄曙《こうしよ》光《こう》というこの男は、三階の屋上にのぼり、数時間もじっくり飛び下り自殺を考えていた。そしてその下にはすでに大勢の野次馬が集まり、恰好《かっこう》の見物としていた。自殺者を助けるどころか、皆で「飛び下りて！　早く飛び下りるんだ！」と叫んだ。結局飛び下りた男は骨折など重傷で病院に入院したという。

中国の新聞やインターネットサイトには、このような飛び下り自殺をそそのかす野次馬事件は、日常茶飯事のように登場する。

ある地方では、ビル屋上に立って自殺を図ろうとする者に、野次馬たちは「早く飛び下りろよ、もう半日も待ったぞ！」と叫び、ある女性の野次馬は「私はあなたが飛び下りる気はないと思う、何をもたもたするの？　飛び下りたら楽しいよ、私はまだ飛び下りを見たことがないからね」。そして子供たちも大声で呼びかけた。「もうそろそろ飛び下りるんだろう、もう少し待とう」と（news.QQ.com、二〇〇六年四月十五日）。

二〇〇六年九月十八日の「華商農報」の報道によると、瀋陽のある女性が飛び下り自殺を図ろうとしたら、数千人の野次馬たちが雲集し、中にはお菓子とミネラルウォーターを所持して待ち構える人もいたようだ。

魯迅が描いた当時の野次馬は、無知蒙昧な民衆だったが、現代の野次馬は、明らかに「進化」を遂げた「平凡な邪悪者」の「群氓」である。他人の不幸を喜ぶことで、自分の現状を慰める哀れな心理は、ここまで歪んでしまった。もちろん、先ほど私が言った「進化」とは当然「邪悪」への進化である。

中国野次馬の深層には、人に対する同情心、惻隠《そくいん》の情（哀れに思う気持ち）の欠けた冷血な「邪悪」が盤踞《ばんきょ》（根を張って動かない）している。中国人は二十一世紀の現在まで「人間」としての自我、自己を形成していないので、彼らに、他人の生命に対する道徳的責任感はまったく求められない。自己の実利優先を生存の小知恵にして生きる中国の民衆にとって、人格的意味での道徳は堕落することが必然であり、今後もさらに堕落の一途を辿るのは明らかである。

■鬼畜化する人間性

「人間性の鬼畜化」と呼ばれる中国人の卑劣、残忍、非道な恐ろしさを示す事件は、まだまだある。「薬家鑫《やくかしん》事件」はその中の有名な事件だ。

二〇一〇年十月二十日、西安音楽学院三年生の薬家鑫は同夜、ワインレッドの愛車「シボレー・クルーズ」を運転して、彼女とデートを楽しんだあと、帰路で電動バイクに乗っていた二六歳の農村主婦張妙《ちょうみょう》をはね飛ばした。

薬が車から降りて見ると、張妙は軽傷で意識がはっきりしていて、薬の車のナンバーを書き留めていた。

「この農村の女が車のナンバーを記録して、後で報復を計るか、しつこく賠償を請求されると怖い……」と思った薬は、すぐ車に戻って、助手席に置いてあった護身用に購入したナイフを取り出した。薬は張を殺して証拠隠滅を狙っていたのだ。

張が「私には子供がいるのよ、殺さないで」と必死に訴えたにもかかわらず、薬は女の身体を八カ所も刺して無残に殺した。そして、そのまま現場から逃走した。しかし途中でまたもや通行人男女二人をはねて、逃走しようと思ったが、事故の目撃者たちによって取り押さえられ、逮捕された。その後の警察の取り調べで、張妙の刺殺を自供した。二〇一一年七月、裁判所は故意による殺人として死刑判決を下した。

ところが、裁判所で証人として出廷した西安音楽学院の学生たちは、寛大な処分を嘆願した。不可解なことは、ネットで学生たちがみな加害者の側に立って発言したことだ。ある中学生は「もし私が彼であっても、刺し殺す！」と忌憚なく書いていた。また「車のナンバーを記録するのは卑劣な行為だ」とその中学生は堂々と述べる。一体何が「卑劣」かの分別もつかない若者がこれほども多いのかと、全中国を驚愕させた。

人間の生命、尊厳を自ら無視、踏みにじる中国人の非道はここまできている。薬家鑫は富裕な家族の一人息子として、充分に満ち足りていた若者だが、この事件は極端に私利私欲に走り人間性の欠如している現在の社会風潮を象徴している。

人間性の荒廃によって、もはや「鬼畜化」する中国社会の現実。アメリカ在住の評論家孔捷生はこのような中国人に、「満腹になった畜生は、あくまでも畜生だ」と辛辣《しんらつ》な批判を加えている。

■国家権力の車輪の下に

人間性の鬼畜化は、中国の公権力にもっとも代表的に現われている。

人間を人間とも思わない権力者が、中国の民（百姓）をネズミや犬のように取り扱う今日、もっともショッキングな事件は、「銭雲会《せんうんかい》惨殺事件」であろう。

二〇一〇年十二月二十五日、浙江省温州楽清《がくせい》市蒲岐鎮寨橋《さいきょう》村の村長銭雲会は、大型トラックに轢《ひ》かれ、死亡した。インターネットや雲南省昆明《こんめい》市の「都市時報」（十八日付）の報道によると、官僚による土地の不正取得を、銭氏は六年前から告発批判しつづけて、三度も投獄されたことがあるという。銭氏が村長を務めていた寨橋村の農地一四六ヘクタールの使用料を政府が未払いだったことで、銭氏は村民を率いて、迫害にも屈せず告発を続けてきた。

「都市時報」と目撃者の証言によると、銭氏は警官の制服を着た男に警棒で殴り倒され、さらに数人の男たちにトラックから数メートル離れた地面に押さえつけられた。そしてトラックをゆっくり動かして、銭氏を轢いた。当時男たちは二〇人ぐらい現場にいて銭氏の死を確認した。

目撃者で村民の銭成宇《せんせいう》は「これは明らかに謀殺だ」と証言し、警察に身柄を拘束されてしまった。インターネットに、トラックの車輪の下敷きになった銭雲会の写真が掲載されていたのを私も確認したが、ひどい惨状であった。

政府は「交通事故」として処理し、「都市時報」も発行差し止めになった。

銭雲会惨殺は、ネットを通して全国民を震撼させ、ネチズンたちは自発的公民調査団を組織して介入を図ったが、国家公権力によってすべてつぶされるはめにあった。

その後も、二〇一三年三月二十七日、河南省中牟《ちゆうぼう》県の村民宋合義《そうごうぎ》も、三月三十日、湖北省巴東《はとう》県の村民張如涼《ちようじよりよう》も、四月三日、四川省西昌市太和鎮麻柳村の村民宋武華《そうぶか》もすべて、銭雲会のように国家公権力の車輪の下の犠牲者になった。

ネット評論家杜君立《とくんりゆう》氏は、「車輪の下の中国」という文で次のように糾弾する。

「このような残忍かつ野蛮な行為は、獣でも不可能である。これらはもはや謀殺ではなく、人類のすべての最低限界を越えた残酷な虐殺である。このような惨殺の連発は、すべての中国人をして自分が置かれた現実を教え、慄然とさせるに十分である。これはいかに恐ろしい悪夢の中の中国であろう」

「これらの車輪による惨劇は、現在中国社会の一つの隠喩である。無数の低層の民衆は生きながら、国家機械の車輪に轢かれて死んでしまう。彼らはこの国の『公民』ではなく、奴隷と同然の『老百姓』である。彼ら『民草』は抗争もできず、発言もできず、ただひたすらに巨大な車輪の下で必死にもちこたえるしかない。世界と無知な人たちが、この巨大な中国という車輪の猛スピードに歓声をあげる頃、誰もが頭を下げて、車輪の下の轢かれた無数の死骸を見ようとしないのである」

杜氏はさらに中国の現実をこう指摘する。

「わずか三〇年の間で、中国は歩行の時代から車輪の時代に移った。車輪は成金中国の崇高たるトーテム（象徴）になり、これより中国人は、車輪の上の人間と、車輪の下の人間とに分かれた」

まさに人間性が砂漠のように荒廃しているのだ。

■「潰敗《クイバイ》」する中国社会

このような道徳砂漠の中国の現実を前に、中国社会はこのままでは「潰敗《クイバイ》」（敗れくずれるという意味）に向かうと指摘する知識人がいる。著名な社会評論家で、習近平《しゅうきんぺい》国家主席の博士課程の指導教官でもあった清華大学の教授孫立平《そんりつへい》教授である。

さまざまな事件、矛盾、衝突を通して、孫教授は、「中国社会の最大の脅威は社会の動蕩《どう》（揺《よう》）ではなく、社会の潰敗だ」と喝破する。

社会の動揺は、社会的衝突によって、政権とその制度の基本的な枠組が脅威に晒《さら》されることを指す。しかし、社会の潰敗は、「社会の肉体の細胞が壊死《えし》し、機能を喪失すること」を指す。この概念を前提として、孫教授は中国では「現実社会で、社会の潰敗を克服するためになされる必要不可欠な変革が、往々にして放置されたままになるので、結果的に社会の潰敗はますます悪化する」と指摘する。

そして、社会の潰敗は、まず中国の最核心たる権力の暴走に現われるとする。権力の暴走とは、権力に対して外部からの監視がはたらかないばかりでなく、内部からも自己管理の力を失った状態をさす。この背景で腐敗はもはや暴走状態に陥り、「不可治理状態」（治すことができない状態）に置かれると断言する。

さらに、社会の潰敗がさまざまな領域に蔓延し、「潜規則（社会集団の明文化された規定の裏で、実際に通用している隠れたルール）」が社会に行き渡り、官民の行動原理になってしまう。

社会の最低ラインが破られ、道徳が亡び、権力強勢利益集団は忌憚なく跋扈《ばっこ》し、反社会的勢力が現われる。既得権益集団の跋扈は、社会の公平さ、正義を容赦なく侵蝕し、職業における道徳の喪失はきわめて深刻化する。

また、社会の情報にはすでに信憑《しんぴょう》性がない。統計数値はねつ造されるため、公式の統計数値はまったく役に立たない。「村は郷を騙し、郷は県を騙し、ずっと国務院まで騙しが続く」という有名な話は、政府の統計数値より信憑性のある現実だ。

結論として、孫教授の文章は、「中国の対外開放に比べて、政治改革は先天的不足だ」と喝破し、権力と富者の結託による腐敗が根本的に中国社会の発展を頓挫《とんざ》させたとする。改革はある意味で、財と富を掠奪《りゃくだつ》する戦争と化し、改革の動力もほとんど失われた。すでに既得利益者の枠組みの制約を受ける改革は、いくら動機がよくとも、結果はその志《こころざし》と食いちがってしまうのだ（孫立平『中國社會正在加速走向潰敗』）。

中国現代社会分析の第一人者である孫立平教授の正鵠《せいこく》を射た理論を、その弟子の習近平がどう受けとめたか気になるものだ。

■なぜ道徳の「最低限界線」をも守れないか

さて、中国では二〇〇〇年代に入って、中国社会、生活、道徳における「底線《ディイセン》」という言葉が広く流行してきた。「底線」とは、「最低限界線」「最低警戒線」のことを意味している。

中国社会のすべての「底線」を守れない、劣悪な現実に危機感を持った知識人や有志たちは、中国人の社会生活の「底線」を守るべきだと主張してきた。

その中でも、孫立平教授の著名な文章「なぜ社会生活の底線は守れないのか」（二〇〇六年）は、ネットを通して広く流布され、社会的大反響を巻き起こした。

中央テレビ局の名司会者崔永元《さいえいげん》氏も、ある講演の中で、こう述べた。「私は別に道徳潔《けっ》癖症《ぺきしょう》ではない。ただわれわれの道徳的底線を要求しているのみだ」と。

「私たちの生活道徳的底線はいったいどこにあるのか？」

「なぜ私たちは人間の最低限のモラルも守れないのか?」

中国では、ネットでも、マスコミや雑誌でも、よくこのようなテーマで議論をさかんに展開している。

孫立平の「社会生活の底線を守ろう」は、いかに中国人の道徳底線を守るべきかを分析、方向を示した好文である。孫によれば、「底線」とは、実際一種の禁忌《きんき》に相当する基本的生活秩序である。その基本的生活の秩序は、明文化されていない形で社会のさまざまな基本制度と結合したものである。

一般的に言ってこの基本的秩序は、かなり安定的、持久的で、時代を超えた特徴を持つとする。たとえば「生命を大切にし、財のため他人の命に害を与えない」ようなモラル的ルールはいつでも変わらない。

しかし、中国では現実生活の中で、このような底線すらも、容易に守れなくなっている。なぜ中国人は生活の底線を守れなくなったかについて、孫は次のように的確かつ明快な答案を用意してくれる。

第一は中国の強弱アンバランスの構造に由来する。利益の分化により、利益集団は相互結託し、いわゆるエリート階級と大衆の間にある溝を拡大し、「上層寡頭化、下層砕片化」

（上層の権力集中、下層の分散化）現象を加速化し、対立させる。

第二は、社会的公平と正義を守る機能の欠如。たとえば中国では、不平不法をどこに訴えればよいかすらも分からなくなっている。前出の銭雲会村長のように不正に土地を奪われても、それを告発しても、かえって罪人扱いをされるのが中国の現実である。

第三は、実用主義の価値観によって、効率ばかり追求し、多くの場合公平と正義は犠牲にされる。

常に日本との比較論的視点で、中国社会を捉えている私は、ネットやマスコミを通して、中国社会の奇怪千万な非道徳的人間性を見るにつけ、将来に悲観的になりがちである。

日本では、一〇〇年以上も前にほぼ解決済みの道徳的底線の問題を、中国ではGDPでは日本を凌駕した二十一世紀のいまもなお、議論せざるをえないのである。

■産婦はなぜ肛門を縫われたのか

中国の知識人や有志たちが、国民の「道徳的底線」の問題に白熱した議論を展開する最中にも、驚くべき出来事が続いていた。

二〇一〇年七月二十三日、広東省深圳市内の鳳凰《ほうおう》病院で、産婦の肛門を縫うという不思議な「事件」があったと中国の新華社が伝えた。

いったい何のことなのか？　中国では病院の医者やスタッフが正規の医療費以外の「紅《こう》包《ほう》」（赤い紙に包まれた謝礼金）を公然と要求することが日常化して久しい。

当日、産婦は無事女の子を出産した。出産までは問題なかったけれど、その後に変なことが発生した。同日、産婦は肛門部位に激痛を感じて、見ると肛門が鶏卵大ほどにはれあがっていたという。出産の際、スムーズに嬰児を通過させるため、陰部の下部を斜めに切開するケースもあるが、当の産婦は肛門の周りが多くの糸で乱雑に縫われていた。

産婦の夫である陳氏の話によれば、担当の助産師から「準備は済んだか」と聞かれたが、最初は何のことかさっぱり分からなかった。五分後もその助産師は四回も「準備できたか」とたずね、やっと分かった陳氏は、持ち合わせの現金が二〇〇元しかなかったので「とりあえず一〇〇元をあなたと主治医にお渡しする。産後また一〇〇元を届ける」と返事した。

すると助産師は不快感をあらわにして「これだけ？　いけないよ」と荒々しく言った。

そして助産師は一〇〇元を受けとり、担当医は受けとらなかった。

陳氏によると、出産後に分かったことだが、産婦の肛門周辺の縫い跡はかなり粗末なものであった。担当医師にたずねてみたら、陰部の切開手術はしたが、肛門の手術については分からないと答えた。そこで陳氏はさらに、助産師に聞くと、産婦は痔で出血したので、サービスで助産師が肛門の手術をし、縫ったと返事した。

陳氏は「妻は痔ではなかったし、勝手に手術していいのか」と不満を示した。陳氏はいまでは「これは謝礼が少ないことに対する報復行為だ」と考えている。

実際、中国では医師やスタッフに「紅包」を与えるのは一種の習慣になっているし、病院のみでなく、小中学校の先生や幼稚園の教員にも「紅包」や贈り物をすることはきわめて普遍的なことになっている。

■道徳は二〇元で買える⁉

私が中国で小中高と大学まで通った一九八〇年代までは、まさか、学校の教師に「紅包」だの、プレゼントだのということは一切なかったし、そういった概念すらも存在しなかった。しかし、九〇年代から学校で実費よりはるかに高額な学費や、その他各種の名目によるわけの分からない費用を多数徴収されるようになった。

そこで、中国では「勉学難、学費が高額すぎる」という問題が、病院の「受診難、治療費が高額すぎる」という問題と一緒に普遍的な社会の問題となった。

日本と同じく、中国にも義務教育があるのに、学費、雑費が高いだけでなく、幼稚園も大学も学費の高騰で、勉学の道が閉ざされる青少年が多数いる。

学費や雑費の高騰化に対して、農民たちは「苛斂誅求《かれんちゅうきゅう》」と非難している。ひどい学校事情に対して、ある地方の教育当局では、次のような訓令を下した例もある。

たとえば「仕事の名義で、学生にさまざまな商品、保険、新聞、雑誌を売りさばいたり、強制的に学生に書籍、資料を買わせることで私利を図ることを厳禁する。また学生や保護者に金銭や物を要求することを厳禁する。違反した者は解雇処分とする」と。

マスコミの報道によると、浙江省監安《かんあん》の禁盾《きんじゅん》職業高校では、二〇〇六年に次のような奇怪な学校規則を定めたようだ。

学期ごとに、学生の道徳点数を一〇〇点満点で評価するが、合格は六〇点までである。しかし不合格の学生も心配無用、お金で点数を買えばよいとする。しかも一点につき人民元二〇元必要だと明記している。

何とも奇想天外な方法があるものだ。道徳の点数もお金で買えるなんて、ギネスブックにもない珍事ではないか。道徳が道徳でない、その最低限界線が存在しない中国で、このような珍事はじつに大したことではない。

道徳すらも、お金で売買する商品になった。今日の中国で、「道徳」は何の価値があるのか？　しかも、人間を育成する聖なる学校で、道徳を平気でお金で売っていたとは。「学校」を冒瀆《ぼうとく》する中国教育の無道徳ぶりを自ら現わした行為だとしか言えない。むしろ「学校」という看板を捨てて、「道徳販売株式会社」という新看板に取り換えたらいかがかとも思う。

はっきり言えることは、ある意味で中国の学校は義務教育の名の下で「商社」に変貌したことである。

■荒唐《こうとう》無稽《むけい》な十大禁令

道徳、人間性の最低限界も守れない中国社会において、日常生活自体が小説よりも奇怪である。

近年、中国のネット上で広く流布している「中国十大荒唐禁令」は中国の現実を実によく活写したものだ。その内容を並べてみよう。

一、「小中学校の教師は、女子生徒に対して姦淫《かんいん》や卑猥《ひわい》な行為をしてはいけない」（湖南省益陽市《えきようし》）

二、「官員、公務員の公金でのマージャンを禁止する」（陝西省安康市《あんこうし》）

三、「税関職員は、密輸を手伝ってはならない」

四、「飲酒運転禁止」（山東省）

五、「男性上司に女性秘書をつけてはならない」（四川省）

六、「婚姻証明書なき男女が一緒に住むことを禁ずる」（江蘇省）

七、「女性公務員の乳房は左右対称でなければならない」（湖南省）

八、「ウエスト二尺七寸（約八五センチ）以上の警官はクビ」（ハルビン市）

九、「規定の一二種類以外の歩き方をした者は処罰する」（四川省）

十、「サルは礼儀正しくあれ」（成都市龍池《りゅうち》）

最後の禁令は、成都市の龍池政府が、野生の猿が女性観光客を襲うことに対して、サルを対象に下した禁令だが、もしも中国人社会をよく知っているサルなら、おそらく、「それはこっちの台詞《せりふ》だよ！」と反発するだろう。

もしも日本人がこれらの「十大禁令」を見たら、いかにも物笑いのタネになりそうなものばかりだが、実は、中国人にとっては「荒唐無稽」でもなんでもない。現実生活が荒唐無稽そのものだから、当然それに対応した禁令も「荒唐無稽」でなければならないはずである。

北京大学の何懐宏《かかいこう》教授は、この「荒唐」そうな内容は、実は「荒唐」ではなく、そのまま、中国人に警告を発する内容だと指摘している。

ほかの項目はさておき、第一の項目は、実に中国の学校教師の道徳レベルをそのまま反映したものだ。二〇〇七年貴州省威寧彝族回族苗族自治県《いねいいぞくかいぞくミヤオぞく》の教師が女子生徒を集団売春させたことも、また貴州の習水《しゆうすい》県の教師が女子生徒を姦淫した案件も、中国ではさほど珍しいことではない。

さらに、威寧彝族回族苗族自治県の中学校教師夫妻が二二名の小中学女子生徒に組織的に売春させるという悪質な事件は、中央政府を震撼させた。しかし、二〇〇九年にも習水県でまた小中学生の強制的売春が暴露され、買春した教師は法的懲罰を受けた。

中国では、大学の教授が学生に権力を濫用《らんよう》して、公然と性的サービスを求めるのは稀な現象ではない。日本などの先進国では、教授がそのような行為をしたらすぐクビになるような言動が中国の大学では普通にまかり通るから、中国の教授は楽だなと私は嘆かざるをえなかった。

中国精神文明の中で大きな徳目として、伝承されていた「師徳」「教師の尊厳」はもはや空文化しつつある。

■最悪社会が下層で形成されている

中国社会の精神的荒廃化は、貪官、富人の専有物ではない。むしろ、これらを支える下層民社会の道徳的腐敗こそ、全中国社会を「全民的悪」の時代に導いた張本人である。

二〇〇七年より、全国のマスコミに暴露された闇の工場がある。山西省など貧困山間部の闇炭坑、レンガ工場における奴隷的労働者、児童工の事件が頻発している。

ここで奴隷的に児童工や労働者を酷使するレンガ工場主は、決して富裕者ではない。沿海都市部の農民工よりも収入は少ないといわれる。

前出・清華大学の孫立平教授によると、山西省の闇レンガ工場主が児童工を家畜のように使用する事件で判明したのは、下層民の悪化する生活実態であった。「生活状態がどんどん悪化して、下層民が不法にも生き残るために、下層民同士の対立が起きている」

近年マスコミや、ネットによって暴露される、貧困地域の非人道的闇炭坑は私に言わせれば、中国下層民の「黒い報告書」であるに違いない。

「新華視点」の報道によると、二〇一一年三月十一日夜、江西省撫州《ぶしゅう》市東郷県虎圩郷で炭坑事故が発生した。東郷県のある炭坑会社が経営する炭坑で重傷を負った一人の工夫《こうふ》が五人の同僚によって地上に引き出されるが、病院へ搬送される途中で死亡した。

死亡者は四川省の農村から来た者で、ほかの五人と一緒にやって来たのだ。一週間前にここに来たが、事故三日前に生命保険に加入したばかりである。

死後三日目、死者の家族を名乗る者が来て、一二〇万元の保険金を会社側に要求した。もちろん死者の妻のサインや手形、押印された書類も持っていた。ところが、家族を失った悲しい表情一つなく、やたらと保険金ばかりに執着していたので、その後警察官の調べで死者の身分証明書や戸籍も偽物だということが分かった。

東郷県警察当局は、ただちにその死者の親族と称する人と五人の同僚たちを拘束した。訊問で次のことが明らかになった。死者の親族を詐称した盧《の》氏は、前年の秋、保険金詐欺殺人作戦をねり、五〇〇〇元で四川省雷波《らいは》県の知的障害者で無職の遊民を買って、偽身分証明書と、戸籍を作った。三月初め、盧氏の指示で五人はその知的障害者を連れてきて、この炭坑でアルバイトをはじめた。

そして、十一日の夜、五人はその知的障害者を予定通り、炭坑内の通風井から押し倒して死なせたのだ。

かつて文豪魯迅は次のように述べた。

「歴史が誕生して以来、中国人は常に同族によって殺戮《さつりく》、酷使、略奪、刑罰、侮辱、圧迫されてきたのである。人類が耐えられない苦痛も経験したのだから、これを考察するたびに、まるで人間世界で生活するのではないように思えるのである」(『憤』竹内実訳)

魯迅の指摘は、二十一世紀の現代中国社会にも適用できるのではないか。

北京大学の文化人類学者郭于華《かくうか》教授は、黒悪社会が下層で形成されていると喝破する。

「下層民が下層民をいじめる！　下層民が下層民を蹂躙する！　下層民が下層民を虐殺す

る！　このような下層の生態の中は、匪賊《ひぞく》（徒党を組んで略奪、暴行を行なう賊徒）のルールが支配作用し、弱肉強食とともに暴力が横行する」

「下層社会の悪化は、全社会生態の悪化を意味し、文明の沈没を意味する」

孫立平教授が指摘したように、社会的「潰敗」、道徳的「崩壊」はもはやもっとも純朴で同情すべきとしてきた、下層の老百姓から進み、蔓延していたのである。

■中国を揺るがした前代未聞の「偽虎」

二〇〇七年、ある中国の素朴無知たる農民により、全中国を仰天させる事件が発生した。主人公は陝西省鎮坪《ちんへい》県山間部の農民・周正龍《しゅうせいりゅう》である。

周氏は、絶滅したとされている華南虎《かなんとら》を発見したら、その証拠写真さえあれば政府から報奨金として大金をもらえることを知っていた。そこで、彼はとんでもない詐欺劇を自作することにした。

周氏の自白によると、まず彼は親戚の甥《おい》の病気を治療すると称し、村中から虎の絵を探した。二〇〇七年九月、隣村の農民・彭氏は、同村の曹氏宅で虎の絵を一点見つけ、周氏に持ってきてくれた。周氏は巧みにその虎の絵を折ったりして、本物の虎として撮影したのだが、画質が芳しくなかったため、親戚の家からキヤノンのデジカメを借りてきて再度撮影をはかった。十月三日、周氏は山奥に入り、長時間適当な場所を探して、ある密林の中で、雑草や灌木《かんぼく》が鬱蒼《うっそう》と繁り、枯葉が地面を覆っている地帯を見つけて、そこを撮影場所とした。

そして、周氏はその折った虎の絵を小さな木の前に置き、葉などで絵の周辺を遮《さえぎ》った。午後四時半頃、遠近異なる角度で数枚その虎を撮影した。そしてプリントした写真を持って省政府に「華南虎」を見つけたと報告した結果、十月十二日、周氏は堂々と陝西省林業庁主催の記者会見に参加し、その場で二万元の報奨金を受けとったのである。

しかしその後、あるネチズンが、「華南虎」の写真は数年前市販した年賀の虎に酷似していると告発した。

全国各地で華南虎のニセモノ疑惑が巻き起こったのだが、その渦中でも周氏はさらに騙し続け、二〇〇八年四月、村民の易《えき》氏とともに木で作った虎の足で、山奥の雪で覆われた地面に虎の足の痕跡を押印した。そしてそれを撮影し、華南虎の実在を証明する詐欺行為をさらに重ねた。

「新浪網」によると、二〇〇八年六月、陝西省政府は、記者会見を開き、周正龍が撮影した「華南虎」の写真は、虎の絵を使ったニセモノで、その目的は報奨金を騙しとることにあったとようやく発表した。

偽虎事件は、ただのニセモノの問題ではなく、中国人の道徳の堕落を象徴しているのだ。

中国人の道徳荒廃の裏には、いつも金銭、私利という物欲が支配している。その貪欲を満たせるなら、中国人は人間性も、道徳もゴミのように捨て去ることができる。

フランスの思想家ルソーが指摘したように「貪欲は中国人の最も甚大な欠点である」。

しかも「金のためなら、中国人は誰もが貪汚の悪名を負うことさえ恐れない」。

■偽物がないものはない

近年、中国でもっとも流行している言葉は「全民造假《ゼンミンゾウオジヤ》」という新四文字熟語である。「造假《ゾウオジヤ》」（仮）とは偽物造り、虚言、欺瞞行為全般を指す新造語として、もっともポピュラーな用語となった。

二〇一〇年九月七日付「中国青年報」によると、アンケート調査で中国民の九九・五％が「造假」と遭遇し、七八・八％が「造假」こそ中国の国民的病だと認識している。まさに全国民の偽物造りは、すべての中国人の生活、いや生存自体を脅かしている。

「三鹿《さんろく》の毒ミルク事件」（二〇〇八年、河北省石家荘市《せきかそう》の「三鹿集団」によって製造されたメラミン入り粉ミルクを飲んだ乳幼児から腎臓結石が発見され、自主回収となった）をはじめ、類似の事件はその後も後をたたないが、粉ミルクに毒素を混入して、自民族の子供に毒害を与える国は、全世界中でも例がない。

だから毒粉ミルクを飲んで育つ中国の子供の環境を、中国人は「われわれの子供は、ゴキブリよりもひどい扱いをされる」（中国人 趙連海《ちようれんかい》の言葉）と訴えていた。盲目の歌手周雲蓬《しゆううんほう》は自作の歌の中で「中国人の子供になってはいけない」と歌った。

中国「造假」のひどさはすべての分野、職業に行きわたり、中国人が存在する場所には、必ず「造假」がつきものだといわれるほどである。

食品には、偽粉ミルク、偽米、偽豆腐、偽タマゴ、毒豚肉、毒海鮮、毒果物、毒飲料水……。すべての食品に偽物がないものはないとされる。

衣類、住宅、薬品、日用品、自動車、ＤＶＤ、学位、論文……。この一六〇年来、中国

人々は先を争って「毒ミルク」を返品した

石家荘市の三鹿集団本社で、汚染された粉ミルクを返品し、代金の払い戻しを受ける地元住民ら。その被害患者数は6000人を超えた。写真／ロイター＝共同

では近代文明の分野で何ひとつ発明、独創性がないけれども、現代中国人の「造假」だけは、全世界の近代文明をあざ笑うかのように最新、最先端の水準を誇っている。

最近ネットで報じられた記事を読んで仰天した。ある市場で真赤な鶏卵を買ってしまった消費者が、その赤い鶏卵を市場の管理者に持っていって「偽卵ではないか」と問責したら、管理者曰く「これは雌鶏が月経期に産んだのだ」と。

下層社会がこうであれば、上層社会はもっとひどい。各地方政府では、自らのその「政治実績」を誇示

するため、各地（省市）のＧＤＰを水増しして、誇大に報告しているのは普遍的現象であるようだ。だから各省市が統計したＧＤＰデータが、中央の国家統計局のデータよりも数倍に上回る珍事が頻発するといわれる。こうみると中国の高いＧＤＰはどれほど信頼度があるか、甚《はなは》だ疑問である。

■「われわれは、いま何を信じればいいの？」

嘘や偽りに溢れた現代中国社会を端的に表現した文章を紹介しよう。

朝、起きる。朝食は家の近所の屋台で油条（油で揚げた細長い棒状のパン）を食べようと思ってはいけない。地溝油と洗剤が入っているのが恐ろしいからだ。会社に出勤して、まず朝刊の新聞を読む。しかしどこの企業の実績がどれくらい上がったというニュースも、信用性がない。なぜなら、これらの数値はみんな官から出たものだからだ。

それから、職場の会議に参加する。壇上の人（幹部）がいかに素晴らしいことを話しても、私は信じたくない。なぜなら、実は人々は、その言ったとおりに素晴らしくないからだ。

午後、病院に行って受診する。優秀な専門医の担当といわれる診察室があるが、私は彼らは本当に専門家とは信じない。しかも高級といわれる肩書があるからといって必ずしも高度な医術を持っているとは断言できない。なぜなら、中国で職業従事者の中身は水増しが多いからである。その内幕については一冊の本にまとめることすらできる。

退勤後は外食する。友人たちはレストランにおける海鮮の鮮度や中身について、信用しない。そこでホール係の女性についていって、厨房の中に入って確認する。

しかし、私は確認済みであっても、皿の上の料理となった海鮮の真偽についてはにわかに信じ難い。

そこで食べながら、壁にあるテレビを見る。わけの分からない、豊乳、ダイエット、健康食品などの広告が絶え間なく流れていても、私は信用しない。

なぜなら、すべてが広告のように効果的であったら、世界はこのようであるはずがないからだ。

レジで計算する際、一緒に行った友人がこまかく料理と価格をチェックするような几《き》帳面《ちょうめん》な方法でも、余分に払った金を取り戻すことはできるとは思わない私である。

帰路につくと、幼い女の子を連れたある夫婦が私に道をたずねた。よその地方から親戚を訪ねてきたのだが、会えなくて、いまお金がないしわが子にパンを買ってやりたいので、金をくれと言った。

私はいままで、似たような詐欺に何回も遭遇していたが、目の前の彼らは詐取しているとは思いたくなかった。その様子、その女の子、とくにその真摯な目つき。しかし、詐欺としか思えなかった。あのような目つきも、いまや信用できなくなった。実に心痛むことである。

家の前の横断歩道についた。青信号になったが、私は信用しなかった。左右に目を配り、すべての車が止まっている状態を確認してから、脱兎《だつと》のように素早く横断歩道を渡った。

前日、新聞記事では、深圳市の蛇口《じやこう》在住のある中学生が、青信号を確認してから横断歩道を渡ったにもかかわらず、猛進《もうしん》してきた大型トラックにはねられて死亡していた。トラックは轢き逃げし、現場の目撃者たちは愕然《がくぜん》とした。

そこで、私は娘に繰り返して言った。横断歩道を渡るときには、必ず車を確認すべきで、青信号ばかり見てはいけないと。ああ、青信号さえも信用できない……。

以上は、深圳市在住の作家王四《おうし》囚《しゅう》氏の文章、「われわれは現在まだ何を信用できるのか」の一部である。

この三〇年来、中国の偽物、虚言が全国のすみずみで横行するので「一体何を信じればよいか？」が、全中国人の共通の国民的悩みとなっている。

中国の高度成長と正比例的に「造假」の害毒を受ける、その甚大な生存的悩み、危惧心から見ると、中国はむしろ一〇〇年ほども後退した、と言うしかないだろう。

しかも、この甚大な危険を甘受しながら、中国人は生きるしかない。この耐えられない生存の苦しさ。外国人は想像できないだろう。

■中国社会の構造的〝毒〟

中国人の「造假」を文化史、社会史的にえぐると、『中国の造假史』という大作も書けるだろう。

「造假」は、実は中国では、いまになって突然現われたことではない。宋代の周密《しゅうみつ》（一二三二―一二九八）が著わした『癸辛《きしん》雑識』に、すでに利益追求に目がくらんで、偽酒づくりや鶏、羊肉、魚に、水や空気、砂を混入する術があったとされている。

現在中国で公に暴露された「偽××事件」は、まだ氷山の一角にすぎない、と中国国営のマスコミも認めている。

それでは、なぜ中国人は「造假」をためらいもなく敢行するのだろうか？

その深層の理由はどこにあるのか？

実は、中国では、「全民造假」は一種の文化現象であり、構造的現象である。上流社会や、下流社会にも普遍的に存在する社会構造の問題で、社会制度にも、国民性にもその原因がある。

現実利益、名誉、物質的欲望にかられて、これらのためには、あらゆる手段方法を動員して、道徳の最低限界線も平気で無視する。

台湾の著名な歴史学者、文化批評家孫隆基《そんりゅうき》は、中国人はその国民性ゆえに、食べることなどの世俗的価値観以外の人生の「形而上《けいじじょう》的意識」「信仰心」が欠如し、世俗化した欲望を満たすため、道徳ルールも踏みにじられると指摘する。

また、中国の知識人たちは、国民性以外にも、中国社会の構造的欠陥から原因を探っている。

社会構造的に、中国は造假、虚言を生む産室である。フランスの思想家モンテスキューが直言したように、中国人は交易する際にも、偽のはかりを使うほどであるように、信用、公平性のためにある道具、印鑑からさえも信用性は失われている。

中国の制度の上中層にいる官、知識人、富裕者がいくら下層の民に真実や信用を訴えても、それを訴える上中層が不信や造假で巨利を獲得しているのだから、民は信用しない。しかも、民も上にならって造假を積極的に敢行する。

しかも、社会構造上、制度として、上層の不正や造假を管理監督できる機能が存在しないので、上から下まで、そして下から上までそれにならってしまう。

結局、私に言わせれば造假は、中国の社会構造的、文化構造的「毒」であり、その社会の文化とともに永久に存在し続けるだろう。

本書は、二〇一四年三月、小社より単行本『進化できない中国人―経済は発展しても国民性は「道徳砂漠」』として発行された作品を文庫化したものです。

本文中の事例、肩書、人物等の名称はすべて当時のものです。

進化《しんか》できない中国人《ちゅうごくじん》

一〇〇字書評

切り取り線

購買動機（新聞、雑誌名を記入するか、あるいは○をつけてください）

□（　　　　　　　　　　　　　　　）の広告を見て
□（　　　　　　　　　　　　　　　）の書評を見て
□ 知人のすすめで　　　□ タイトルに惹かれて
□ カバーがよかったから　　　□ 内容が面白そうだから
□ 好きな作家だから　　　□ 好きな分野の本だから

●最近、最も感銘を受けた作品名をお書きください

●あなたのお好きな作家名をお書きください

●その他、ご要望がありましたらお書きください

住所	〒				
氏名		職業		年齢	

新刊情報等のパソコンメール配信を 希望する・しない	Eメール	※携帯には配信できません

あなたにお願い

この本の感想を、編集部までお寄せいただけたらありがたく存じます。今後の企画の参考にさせていただきます。Eメールでも結構です。

いただいた「一〇〇字書評」は、新聞・雑誌等に紹介させていただくことがあります。その場合はお礼として特製図書カードを差し上げます。

前ページの原稿用紙に書評をお書きの上、切り取り、左記までお送り下さい。宛先の住所は不要です。

なお、ご記入いただいたお名前、ご住所等は、書評紹介の事前了解、謝礼のお届けのためだけに利用し、そのほかの目的のために利用することはありません。

〒一〇一-八七〇一
祥伝社黄金文庫編集長　岡部康彦
☎〇三（三二六五）二〇八四
ohgon@shodensha.co.jp

祥伝社ホームページの「ブックレビュー」からも、書けるようになりました。
http://www.shodensha.co.jp/bookreview/

祥伝社黄金文庫

進化できない中国人

平成29年2月20日　初版第1刷発行

著　者　金《きん》　文学《ぶんがく》
発行者　辻　浩明
発行所　祥伝社《しょうでんしゃ》
〒101－8701
東京都千代田区神田神保町3－3
電話　03（3265）2084（編集部）
電話　03（3265）2081（販売部）
電話　03（3265）3622（業務部）
http://www.shodensha.co.jp/

印刷所　萩原印刷

製本所　ナショナル製本

造本には十分注意しておりますが、万一、落丁・乱丁などの不良品がありましたら、「業務部」あてにお送り下さい。送料小社負担にてお取り替えいたします。ただし、古書店で購入されたものについてはお取り替え出来ません。

　ISBN978-4-396-31706-5 C0136

祥伝社黄金文庫

金 文学
韓国民に告ぐ!! 「反日」という甘えを断て
大反響を呼んだ『韓国民に告ぐ!』待望の第二弾。『マンガ嫌韓流』の山野《やまの》車輪《しゃりん》氏も絶賛!

金 文学
中国人による 中国人大批判 日本は謝罪してはならない
母国・中国では出版拒否! 歯に衣着せぬ中国批判と、親日ゆえの、日本への苦言。

金 文学
これでいいのか? 日中韓 表の顔 裏の顔
身近な話題から分析する、日中韓の文化の違い。実体験に裏打ちされた、卓越した東アジア文化論。

金 文学
愛と欲望の 中国四〇〇〇年史
かの『金瓶梅《きんぺいばい》』を生んだ中国、その「性」史。赤裸々かつ壮大華麗な夜の歴史は、驚きと発見の連続!

金 文学
日中韓 新・東洋三国事情 庶民を知れば隣国が見えてくる
「隠蔽《いんぺい》」の中国人、「表現」の韓国人、では日本人は? 文化、歴史、人物、エロス……三国を徹底比較!

金 文学
中国人が明かす中国人の本性 中国国民性新解読
言行不一致、自己中心、規則無視、人命軽視……etc. 暴走する隣人の、理解しがたい行動原理の裏の裏。